DES

INSTITUTIONS

SOCIALES.

A PARIS,

CHEZ A. PIHAN DE LA FOREST, IMPRIMEUR,

Rue des Noyers, n. 37.

ET CHEZ TOUS LES LIBRAIRES.

1837.

DES

INSTITUTIONS SOCIALES.

AVANT-PROPOS.

Je suis souvent étonné du peu de connaissance qu'ont de la révolution française, de ses causes et de ses effets les hommes qui ne sont entrés dans le monde que postérieurement à cette époque désastreuse. Ils n'y aurait que demi-mal s'ils voulaient s'en rapporter aux explications que leur en donnent ceux qui n'ont que trop appris à la connaître à leurs dépens; mais ils ne manquent pas d'accuser ceux-ci d'exagération ou de partialité. Ce serait donc un grand service à rendre à tous que de réduire à leur juste valeur les griefs et les préventions respectifs. Cette tâche était plus facile à remplir avant 1830, lorsque chacun avait en perspective la guérison, lente à la vérité, mais progressive des plaies faites à la société. Aujourd'hui que tous les principes conservateurs ont été remis en question, le désintéressement ne peut plus être vrai que chez les personnes qui, fatiguées d'une lutte infructueuse, se soumettent à tout avec une résignation assez semblable au fatalisme.

La crainte de nouvelles agitations leur fait supporter avec résignation une existence précaire; et lorsque leurs pensées se reportent d'un demi-siècle en arrière, c'est avec le sentiment pénible d'un exilé dont la patrie aurait, ainsi qu'Herculanum, disparu de dessus la surface de la terre. Eux seuls, repoussant autant qu'il était en leur pouvoir d'inutiles regrets, sans jouissance présente, sans espérance pour l'avenir, se trouvent dans la position la plus favorable pour juger froidement les choses auxquelles ils ne peuvent plus prendre qu'un intérêt secondaire.

Ce qui me fait croire que je ne me fais pas illusion en me plaçant dans cette catégorie, c'est que je commence par déclarer que je ne pense pas qu'on doive imputer jusqu'à un certain point à la seule volonté des monstres qui ont usurpé le pouvoir, la totalité des crimes qu'ils ont commis.

Non pas qu'ils ne soient bien dignes de l'exécration publique pour n'avoir pas reculé devant la carrière de sang qui s'ouvrait devant eux ; mais une fois lancés, il me semble qu'il leur était impossible, sous peine de mort, ce qui était tout pour eux, de ne pas la parcourrir tout entière.

Aussi tous ceux qui ont essayé de résister au torrent qui les entraînait, ont-ils été écrasés par des collègues qu'un même sort attendait un peu plus tard.

L'affreuse célébrité de Robespierre lui-même, n'a tenu qu'à ce que, au moment de sa chute, la lassitude avait fait perdre au crime une partie de son énergie. La preuve en est en ce qu'il n'a point laissé de successeurs. Si Marat, Danton, ou tout autre lui eussent survécu, ce serait lui, dont la terreur aurait porté le nom.

Les événemens en général influent beaucoup plus sur le sort des hommes placés aux premiers rangs, que la prévoyance de ceux-ci ne dirige les événemens; leurs talens ne sont que des instrumens dont la fortune se sert aussi long-temps que leur élévation est utile à ses projets; tandis que pour les perdre elle n'a qu'à leur laisser subir les conséquences de leurs erreurs. Sans doute pendant plusieurs années la guerre étrangère fut favorable à l'affermissement du pouvoir impérial; fallait-il pour cela dépeupler la France, et forcer l'Europe à n'avoir plus à chercher de moyens de salut que dans la ruine de son oppresseur?

Seriez-vous bien aise que nous eussions été battus, me disait après la prise d'Ulm, un grand admirateur de Bonaparte qui me reprochait d'être insensible à la gloire de nos armes? Non certainement, lui répondis-je, car je ne prévoyais pas alors qu'il faudrait que le sang des Français coulât à grands flots, pour nous procurer quelques instans de calme : mais je pense qu'une victoire disputée, nous aurait été bien plus avantageuse ainsi qu'à l'usurpateur. C'était là tout ce qui lui fallait pour faire sentir à la France le besoin qu'elle avait de sa main de fer. Si rien ne lui résiste, il voudra conquérir l'univers. Je ne me croyais pas, cependant, je l'avoue, un aussi bon prophète.

En effet, Bonaparte ne put s'en prendre qu'à lui-même, lorsqu'il tomba dans l'abîme où le poussaient son égoïsme et son mépris pour l'espèce humaine. N'est-ce pas au contraire d'un amour excessif du bien public dont les Bourbons ont été constamment victimes? Triste condition des souverains pour lesquels quelques imperfections, qui dans la vie privée auraient été considérées comme des vertus, deviennent la source des infortunes les moins méritées! tandis que l'autorité royale a eu besoin pour s'affermir des efforts constans et des qualités éminentes des plus grands rois de la troisième race.

Établissons d'abord quelques principes généraux pour en tirer ensuite des inductions utiles.

Tout homme de bonne foi, quelles que soient ses opinions personnelles ou les préjugés de sa position, conviendra que l'ordre social est soumis à des lois auxquelles il ne peut se soustraire sans compromettre sa durée.

« Les lois dont la signification la plus étendue
« sont les rapports nécessaires qui dérivent de la
« nature des choses, et dans ce sens, tous les êtres

« ont leurs lois [1]. » Mais où sont ces lois? A quel signe reconnaître la base sur laquelle elles reposent? Faut-il les chercher dans les écrits des philosophes ou dans les exemples qui nous sont transmis par l'histoire? On dira que ces philosophes, malgré leur réputation justement acquise, ne sont pas infaillibles et peuvent avoir donné dans des erreurs aussi graves que celles que de prétendus sages de nos jours, ont essayé d'accréditer; et quant aux leçons de l'histoire, il faudrait commencer par avoir la certitude que les peuples que nous nous proposerions d'imiter, étaient dans une position parfaitement semblable à la nôtre, sous le rapport des mœurs et des intérêts généraux.

Ce sont là néanmoins deux sources d'instruction extrêmement abondantes, qui se prêtent un secours mutuel, et qui surtout servent à former le jugement de ceux qui sont appelés à influer sur la législation de leur pays; fonctions si difficiles et si redoutables par leur responsabilité. Quelques esprits supérieurs, tel que Montesquieu, nous ont tracé des règles dont on ne peut nier la justesse,

(1) *Esprit des Lois.*

comme conséquences de leurs lumineuses observations; mais il est vrai de dire, que jamais on ne fut plus disposé à en contester l'application que dans ce siècle où tout le monde raisonne, ce qui n'est pas à beaucoup près un moyen sûr de raisonner juste.

J'ose proposer une nouvelle manière de remonter à l'origine des institutions sociales. Je la crois bonne parce qu'elle est prise dans la nature; parce qu'elle n'exige que de la franchise, peu d'érudition, encore moins d'imagination, et que par cela même elle est plus à la portée de tout le monde; parce que le principe que j'ai pris pour guide m'a toujours conduit à des résultats satisfaisans, toutes les fois que j'en ai joint la pratique à la théorie. Il n'est pas étonnant qu'un nain placé sur les épaules d'un géant aperçoive quelques points de l'horizon, qui auront échappé à la vue de celui-ci. Je demande seulement qu'on fasse attention que j'ai voulu indiquer un but bien plus que je n'ai eu la prétention de le remplir. Je ne fais que chercher une voie plus facile pour arriver au terme; ainsi ne comptant la nouveauté pour rien, je demande grace pour le nombre de mes citations, aimant mieux marcher avec de bons guides que risquer de m'égarer tout seul. Peut-être trouvera-t on aussi un peu trop métaphysiques les propositions contenues dans les deux premiers chapitres; je prie le lecteur d'attendre avec indulgence l'application que j'en fais, et dont l'ouvrage tout entier n'est que le développement; mais il m'a paru impossible de faire autrement, lorsqu'il s'agissait de poser des principes généraux.

PREMIÈRE PARTIE.

CHAPITRE PREMIER.

Principes généraux.

Je ne réclame pas le droit divin, quoique franchement je le regrette par la raison que, ne pouvant pas toujours faire ma volonté dans ce monde, j'aimerais mieux qu'elle fût dépendante de ce que je croirais être celle de Dieu, que de celle des hommes, ce qui ne m'empêche pas d'en reconnaître l'empreinte dans l'impossibilité de subsister, qu'éprouve toute association, lorsqu'elle n'est pas fondée sur la justice, sur la morale, et par conséquent sur la religion.

Je ne reconnais pas le droit de souveraineté du peuple, parce que je le redoute comme étant celui du plus fort, ou souvent, ce qui est encore pire, du plus adroit. Je m'accommoderais assez *de cette raison, de cette sanction du gouvernement représentatif tirée des droits et des intérêts*, dont M. Royer-Collard nous a parlé dans la séance du 4 octobre 1831. Mais je ne sais où elle réside, et je suis effrayé des conséquences que produisent les fausses interprétations de mots mal définis. Je me contenterai donc des idées qu'ont fait naître en moi des passages de différens auteurs qui, sans partir du même point, m'ont donné le même résultat. Si je ne réussis pas à les faire partager, ce sera la faute de la manière dont je les aurai présentées, et non celles du principe, qui me paraît incontestable.

Tout mon travail repose sur l'analogie ou plutôt l'identité des passions individuelles, avec celles d'hommes réunis en assez grand nombre pour former une société.

« La raison n'est pas un grand principe dans la « conduite de la vie presque toujours gouvernée « par les passions (1). » — C'est donc une vérité d'observation, que nos actions ont trop souvent

(1) *Pensées de Nicole.*

pour premier et même pour unique mobile les diverses impressions que nous recevons. Que ce soit le plaisir ou la douleur qui affecte nos sens, la crainte ou l'espérance, la répugnance ou le désir, l'affection ou la haine qui agitent notre ame, de quelque nature que soient les passions qui nous tyrannisent, c'est toujours un sentiment qui nous domine : nous ne faisons bien que ce qui le flatte, et lorsque c'est la contrainte qui nous fait agir, elle augmente les difficultés du succès de ce que nous entreprenons à contre cœur. Lors même que nous agissons dans un sens opposé à nos goûts ou à nos intérêts, lorsque nous nous imposons la privation d'une chose à laquelle nous avons attaché jusque-là le plus grand prix, c'est que nous obéissons à un autre sentiment, qui d'abord comprimé par celui qui lui était contraire, a fini par nous faire désirer ce qui au commencement nous avait paru impraticable.

Mais il ne suffit pas d'obtenir ce qu'on désire, d'y porter cette volonté ferme, cette persévérance opiniâtre qui manque rarement d'atteindre le but qu'on se propose. Pour que le succès lui-même ne soit pas une calamité, il faut que ce but soit conforme à ces lois éternelles, immuables, indépendantes de nos affections, de nos raisonnemens et de nos connaissances, à l'observation desquelles est attachée notre destinée, et que personne ne peut enfreindre sous peine d'erreur, de trouble et de désorganisation, puisqu'elles sont l'expression de la volonté d'un Dieu créateur et conservateur de toutes choses, qui ne nous a donné l'existence qu'à ce prix.

C'est à cet ensemble de vérités imprescriptibles que doit être exclusivement donné le nom de raison. Car il ne peut y avoir d'infaillibité sans une connaissance intime des rapports qui lient entre elles toutes les parties du monde moral. Or, cet attribut plus qu'humain n'appartient qu'à Dieu. La portion de raison qu'il lui a plu de départir à l'homme, ou pour mieux dire, la faculté qui en a usurpé le nom pour satisfaire notre orgueil, notre raisonnement enfin, n'est que l'aptitude à puiser à la source de la raison souveraine, à nous pénétrer de ses lumières, autant que le comporte la faiblesse de notre nature, pour en faire l'objet de nos méditations, et la règle de notre conduite. Ce n'est qu'un instrument, au moyen duquel nos actions et nos pensées acquièrent de la moralité par les efforts que nous faisons pour les diriger vers ce qui est essentiellement bon, ce qui met à une distance infinie au-dessus de la brute, le seul être capable ici bas de connaître et de servir Dieu en lui vouant son existence.

La sagesse humaine a donc pour première condition, l'empire que doit exercer sur nos sentimens la faculté dont nous sommes doués, de consulter la raison; et pour seconde, l'accomplissement du devoir imposé à celle-ci de se soumettre elle-même à tout ce qui est une émanation de la raison souveraine.

A ce principe, dans lequel la morale est renfermée, j'en ajouterai un second : c'est que les nations étant des associations d'hommes, nous devons trouver en elles les mêmes imperfections, les mêmes besoins, les mêmes conditions d'existence, et que les observations faites sur un individu étant appliquées à un être collectif, doivent donner les mêmes résultats.

CHAPITRE II.

Application des principes précédens.

§ I. — Pour tirer des conséquences utiles de l'analogie que je viens d'indiquer, examinons d'abord ce qui se passe dans ces momens d'effervescence, où la multitude s'abandonne avec le moins de contrainte à l'impulsion de ses caprices. La plus légère résistance paralyse son action aussi long-temps qu'elle n'a pas acquis, pour ainsi dire, l'intelligence nécessaire à tout être moral : et cette intelligence ne peut être le résultat que de son obéissance à un chef qui utilise les efforts de tous en leur donnant de l'ensemble et les faisant concourir au but bon ou mauvais qu'ils se proposent; nous ne savons, ont-ils l'air de dire à celui qui mérite ou usurpe la confiance, ni réfléchir, ni comparer, ni prévoir : Chargez-vous du soin de raisonner pour nous, remplissez cette fonction qui seule peut faire de nous un être pensant ; et nous en retour, nous mettrons à votre disposition tous nos moyens de force, qui sans cela ne produiraient qu'une agitation éphémère.

De même dans les temps calmes, l'opinion publique se compose du tribut d'approbation ou de répugnance pour les actes du gouvernement, que chaque membre de la communauté fournit en raison de l'influence que lui donnent ses richesses, sa considération, ses qualités personnelles. De tous ces sentimens fondés sur des intérêts divers, se compose un sentiment prépondérant, qui se manifeste par un assentiment au moins tacite, ou par une résistance, soit passive, soit plus ou moins prononcée. Et plus ces élémens sont homogènes, plus grande est la force publique de la direction de laquelle dépend la prospérité de l'état, lorsqu'elle est en harmonie avec les principes fondamentaux de son institution.

En dernier résultat, pour former une volonté quelconque, l'individu doit sentir et raisonner lui-même. Mais lorsque plusieurs veulent agir collectivement, ces deux facultés ne peuvent être exercées que par des organes différens; c'est-à dire que celle de sentir, réside essentiellement dans le peuple, non pas qu'il n'en abuse souvent; mais c'est qu'il est impossible que cela soit autrement. Celle de raisonner au contraire, appartient incontestablement au gouvernement, dont l'établissement ne peut être motivé que par la nécessité de l'investir d'une fonction, que la multitude est incapable d'exercer.

Mais, dira-t-on, cette autorité qui selon vous, doit représenter la raison nationale, a tant de moyens de devenir tyrannique, qu'on ne saurait la restreindre dans des bornes trop étroites. C'est un doctrinaire qui va répondre pour moi. « Il y a « une force qui ne s'enferme pas dans les lois, qui « au besoin sait se passer d'institutions, la force des « idées, de l'intelligence, de l'opinion.... En tout, « dans l'étude de l'histoire, il faut tenir grand « compte des influences indirectes, elles sont « beaucoup plus efficaces, et quelquefois plus sa- « lutaires qu'on ne se le figure communément. Il « est naturel aux hommes de vouloir que leur ac- « tion soit prompte, apparente, d'aspirer au plai- « sir d'assister à leur succès, à leur pouvoir, à leur « triomphe. Cela n'est pas toujours possible, ni « même toujours utile. Il y a des temps, des si- « tuations où les influences indirectes, inaper-

« ques, sont seules bonnes et praticables..... Il y en « a une raison sur laquelle je vous demande la « permission de vous arrêter un moment. L'ac- « tion directe suppose dans ceux à qui elle est « confiée, beaucoup plus de lumières, de raison, « de prudence. Comme ils atteindront le but sur- « le-champ et de plein saut, il faut qu'ils soient « sûrs de ne le point manquer. Les influences indi- « rectes, au contraire, ne s'exercent qu'à travers « des obstacles, après des épreuves qui les con- « tiennent et les rectifient. Elles sont condamnées « avant de réussir à se voir combattues, contrô- « lées; elles ne triomphent que lentement, à con- « dition, dans une certaine mesure (1). »

Ces observations judicieuses expriment parfaitement l'idée que je me suis faite des limites dans lesquelles doit être renfermé tout ce qui a une action légale dans un état bien constitué. Il est évident que cette *action directe qui suppose beaucoup de lumières, de raison, de prudence*, ne peut être exercée que par un gouvernement assez fort

(1) *Cours d'histoire moderne*, par M. Guizot, 1828, leçon sixième.

pour ne pas manquer le *but qu'il doit atteindre sur-le-champ et de plein saut;* quoiqu'en même temps il lui soit impossible de se soustraire à ces *influences indirectes qui s'exercent à travers les obstacles.* Celles-ci, qui ne sont autre chose que l'esprit public ou l'expression des sentimens dominans, ne doivent *triompher que dans une certaine mesure*, au-delà de laquelle elles prendraient la place de l'action directe; et se trouvant par cela même affranchies de toute entrave, de toute responsabilité, de tout moyen de s'éclairer elles-mêmes, elles contracteraient « le vice insurmontable « du pouvoir absolu, quel qu'il soit, quelque nom « qu'il porte, et dans quelque but qu'il s'exerce (1). » Et plus bas : « L'esprit humain, véritable souve- « rain du XVIIIe siècle, a été conduit à l'erreur « et à la tyrannie, parce qu'il a pris les opinions « différentes de celles qui dominaient, dans un « dédain, dans une aversion illégitime. » — Comment cela n'arrivera-t-il pas toutes les fois que l'action directe ne sera pas investie d'une force suffisante pour réprimer les opinions nuisibles? Il

(1) *Idem*, leçon quatorzième.

ne manquera pas de s'en élever une *dominante*, *qui prendra les autres en aversion*, qui opprimera, qui proscrira au nom de la liberté ; ceux qui ont échappé au régime de la terreur, ne doivent pas avoir oublié le sort qu'on réservait aux modérés.

§ II. — L'usage le plus habituel que chacun de nous fait de son raisonnement, n'est pas de juger, comme il le devrait, si ses sentimens sont approuvés par la raison souveraine, mais de chercher les moyens de les satisfaire. Lorsque notre ame est fortement émue, il est à remarquer qu'une espèce d'instinct, auquel la réflexion semble ne prendre aucune part, nous indique d'une manière assez sûre, ainsi qu'aux animaux, ce que nous avons de mieux à faire pour atteindre l'objet de nos désirs. Je ne veux pas dire par là que la passion soit un bon conseiller. Il est rare au contraire, que le repentir n'accompagne pas les actes qu'elle nous a fait commettre. Mais, aveugle sur les conséquences éloignées, elle est un assez bon juge des moyens par lesquels elle peut se contenter momentanément, et c'est tout ce qu'il lui faut. Alors le raisonnement, réduit à jouer un rôle secondaire, obéit au sentiment qu'il était de son devoir d'éclairer. D'un principe erronné, il tire des conséquences justes qui ne font qu'ajouter à son égarement. L'homme passionné ne se trompe que sur un point, c'est qu'il croit être de sang-froid ; et si son aveuglement se prolonge, le mal est d'autant plus grave, que sa faculté de raisonner reste sans force pour reconnaître une erreur dont elle s'est rendue complice.

Tel est l'état le plus humiliant pour l'homme, celui qui dégrade le plus complètement l'individu. De même il n'en est pas qui pousse plus infailliblement le corps social à sa ruine, que celui d'un gouvernement qui, subjugué par une faction, partage ses excès par entraînement ou par faiblesse.

Cependant il est aisé de se laisser éblouir par le succès presque certain, qu'obtient le concours des deux facultés, qui forment l'intelligence d'une nation. L'objet de la faveur populaire plus soigneux de la conserver, que de calculer si l'usage qu'il est obligé d'en faire est utile ou nuisible à la société, se laisse diriger par elle. Enivré de son élévation, il oublie qu'il n'est qu'un instrument mis en jeu par une force aussi irrésistible pour détruire qu'inhabile à réédifier. Aussi ne faut-il qu'un souffle pour le renverser, lorsque sentant le besoin de réprimer les écarts de l'opinion, il veut essayer de jouer un rôle plus analogue à ses hautes fonctions.

Quelquefois le peuple, indifférent à tout ce qui ne trouble ni son repos ni ses jouissances habituelles, semble avoir chargé son gouvernement du soin de sentir comme de raisonner pour lui. Cet état ne peut être que l'effet de la crainte ou de la plus abjecte corruption. Alors c'est le despotisme dont il sera parlé dans le chapitre suivant. S'il prenait sa source dans une confiance méritée, il seroit ce qu'il y auroit de plus parfait sur la terre. Mais ce n'est pas d'un travail d'imagination que nous devons ici nous occuper.

Le plus souvent la raison, conservant assez de force pour se faire entendre, mais trop peu pour se faire obéir, doit toute son influence au combat que les passions se livrent entre elles. Ainsi nous voyons généralement le goût du plaisir, après avoir régné exclusivement dans un jeune cœur, céder petit à petit son empire à celui des richesses ou du pouvoir, qui convient plus particulièrement à la vieillesse ou à l'âge mûr; comme pour remplacer les fausses jouissances de la jeunesse par de nouvelles illusions.

Par un procédé semblable, les intérêts, les préjugés, les prétentions des diverses classes, quoique naturellement opposées, concourent au bien public lorsqu'ils se balancent et sont contenus les uns par les autres dans de justes proportions. Tout l'art du gouvernement consiste dans le maintien de cet équilibre auquel ne suppléera jamais une présomptueuse théorie.

C'est uniquement pour veiller à la conservation de ces sentimens divers, que se sont formés, sans projet et par le cours naturel des événemens, ces ordres, ces corps, ces corporations, auxquels le dépôt de chacun d'eux est spécialement confié. Le gouvernement doit estimer avec impartialité l'utilité relative de chacun d'eux, seconder les uns, tolérer ou comprimer les autres. Telle est l'origine de l'aristocratie, considérée comme pouvoir intermédiaire et qu'il ne faut pas confondre avec celle qui a donné son nom à une espèce de gouvernement, et qui fera le sujet d'un autre chapitre. Celle dont je parle ici a subi une foule de modifications dont chacune mérite d'être observée avec une scrupuleuse exactitude; son origine remonte à celle des sociétés, malheureusement l'équité, qui présidoit dans ces temps éloignés à ces diverses classifications, ne peut de nos jours les mettre à couvert des attaques dirigées contre elles par l'envie déguisée sous le nom d'indépendance et d'égalité. Je n'en citerai qu'un exemple. Certainement rien ne fut plus légitime que les conditions imposées par les premiers habitans de Genève aux étrangers qui demandèrent à s'incorporer à eux, puisqu'elles furent le prix de leur admission : et cependant cette distinction toute naturelle entre citoyens, natifs et habitans, a causé tous les troubles qui n'ont cessé d'agiter cette république.

Il me tarde de sortir de cette région des abstractions, que l'esprit raisonneur de ce siècle ne recherche avec tant d'ardeur que parce qu'il y trouve un arsenal inépuisable d'armes propres au soutien de toutes les prétentions, à la défense de tous les sophismes. Tout ce que je demande c'est qu'on veuille bien ne pas oublier que le sentiment et le raisonnement étant aussi nécessaires à l'intelligence de l'homme, que la nourriture l'est à la conservation de son corps, on peut en dire autant de l'esprit public, et du gouvernement d'une nation. La supposition d'un homme qui ne sent ni ne raisonne, n'est pas plus absurde que celle d'un peuple sans patriotisme et sans autorité supérieure. L'accord et le bon emploi de ces deux facultés peuvent seuls porter un état à son plus haut point de prospérité, lorsque d'ailleurs il est assez puissant pour surmonter l'influence des circonstances étrangères à son organisation.

On a donc le droit d'exiger de ceux qu'on peut appeler les dépositaires de la raison nationale, qu'ils se dépouillent de toute affection individuelle. Sous le rapport de leurs fonctions, cette faculté ne leur appartient plus. Elle ne consiste pour eux que dans le devoir de s'identifier avec l'intérêt public. Tous les efforts doivent tendre à modifier les sentimens généraux dont la direction leur est confiée, obéissant à la raison souveraine contre laquelle rien ne peut prévaloir. Surtout ils doivent prendre pour règle de leur conduite cette raison souveraine, c'est-à-dire ces préceptes religieux, moraux et politiques, sanctionnés par le temps, fortifiés par l'habitude, et dont l'observation peut seule légitimer et consolider le pouvoir, en le rendant utile à tous.

Par la même raison, l'opinion publique a bien le droit de se manifester, pour dévoiler les abus, les vices de l'administration, l'insuffisance des lois, et même pour indiquer des remèdes à tous ces maux. Mais lorsqu'elle a recours à la force pour imposer le joug de sa volonté, elle devient la plus insupportable des tyrannies, elle usurpe des droits qu'elle est incapable d'exercer. Enfin il y a anarchie comme il y a délire dans la conduite de l'individu qui n'écoute que la voix de ses passions.

La séparation des pouvoirs étant, d'après Montesquieu, la première condition de toute organisation sociale, leur confusion doit en être considérée comme l'agent de destruction le plus infaillible. Lors donc qu'on voudra porter un jugement impartial sur un projet de changement ou d'amélioration quelconque, on ne se laissera point séduire par l'avantage spécieux qu'il présentera;

on commencera par acquérir la certitude qu'il n'altérera pas les rapports que doivent conserver entre eux les représentans des deux facultés intellectuelles, car l'équilibre une fois rompu, il ne peut manquer d'en résulter le plus grand danger pour la chose publique.

CHAPITRE III.

Démocratie. — Despotisme.

Il est dans la nature de l'homme de ne pas supporter volontairement un joug plus pesant que celui dont il reconnaît l'utilité. Il veut que sa soumission lui procure des avantages proportionnés aux entraves que l'autorité lui impose. Tout sacrifice lui paraît léger, comme moyen de contenter un violent désir, ou de se délivrer d'un grand mal. Les fatigues, les dangers, les privations ont des attraits pour lui, s'il croit à ce prix acquérir de la gloire, affranchir son pays, s'enrichir ou se venger. Mais dès que sa passion est satisfaite, il voudrait jouir au meilleur marché possible des biens dont la possession lui est acquise. Un peuple modéré, frugal, porté par inclination et par habitude à respecter la justice et le désintéressement, comme bases de toutes sociétés, sera celui qui prendra le plus facilement ombrage de toute apparence d'usurpation.

Inaccessible à la corruption, il ne souffrira pas qu'on exige de lui rien de ce que désavoue la simplicité de ses mœurs; et comme il n'avait vu dans le dictateur auquel il obéissait avec joie, que l'agent nécessaire à l'accomplissement de l'entreprise qu'il poursuivait avec ardeur, le soupçon d'un pouvoir superflu lui paraîtra, après le succès, une tyrannie insupportable.

Tel est le principe peut-être idéal, d'une république simple, auquel Montesquieu a donné le nom de vertu. Toute altération qu'il éprouve, en produit nécessairement une dans la constitution. Si le peuple joignait au sentiment de sa force un jugement sûr, qu'il sût en diriger l'emploi, tout gouvernement serait superflu. Mais s'il ne peut être souverain sans que le pacte social se dissolve, si le patriotisme n'est qu'une cupidité déguisée, qu'un prétexte mis en avant par chacun pour s'élever au-dessus de tous, si les jouissances personnelles sont préférées au bien général, si les passions individuelles ne peuvent être comprimées que par une intervention vigoureuse du gouvernement, c'est en vain que le mot liberté sera dans toutes les bouches : le besoin de la répression se fera sentir à tous ceux qui ont droit à la jouissance paisible de ce qui leur appartient légitimement. Or cette sécurité ne pouvant s'acquérir qu'au moyen d'un pouvoir plus ou moins fort, capable de contrebalancer le plus ou moins de perversité des mœurs publiques, il est évident que le défaut de rectitude dans le sentiment d'une nation donne la mesure du degré d'autorité auquel elle doit être soumise pour que l'ordre y soit maintenu.

Le despotisme devient donc la dernière ressource d'un peuple corrompu. La crainte que Montesquieu regarde comme le principe de ce gouvernement, où la superstition qui est aussi une crainte étant le seul agent qui conserve quelque prise sur des ames que nul autre ne saurait émouvoir, il arrive que celui qui l'inspire, trouvant une facilité excessive à être obéi, oublie aisément l'obligation où il devrait être de consulter la raison souveraine. L'impossibilité où l'on est de se passer de son pouvoir, le fait subsister aussi long-temps qu'il n'a à lutter que contre des sentimens particuliers dont aucun ne présente une garantie plus sûre. L'exposition devient-elle générale, il succombe; mais le despotisme subsiste sur une autre tête, parce que la société ne renferme aucun élément d'amélioration; et cette révolution elle-même n'est qu'un fléau de plus.

Sans doute il est plus généreux au despote de faire jouir ses sujets d'une plus grande part dans la balance des pouvoirs. Toutefois en eût-il le désir, il est juste d'observer que de telles innovations ne sont pas sans danger : de puissans intérêts privés s'y opposent. Le premier devoir d'un chef est de maintenir l'ordre, et combien d'horribles catastrophes ont été la suite de semblables entreprises, livrées à l'inexpérience et à la légèreté!

J'ai commencé par présenter les deux genres de gouvernement les plus opposés, parce que ce sont ceux dans lesquels on distingue le plus facilement l'action des deux puissances. Dans une démocratie, qui ne subsistera qu'autant qu'elle sera vertueuse, le sentiment doit prévaloir, par la raison que, communiquant pour ainsi dire directement avec la raison souveraine, l'amour du devoir y rend superflue une forte intervention de l'autorité : et sous le despotisme, l'empire de celui-ci doit être d'autant plus absolu, que l'opinion publique est moins disposée à reconnaître les règles immuables posées par la sagesse divine. A Dieu ne plaise néanmoins que je suppose qu'un peuple soit jamais assez profondément démoralisé pour être condamné sans retour à la servitude. « Lorsqu'on parle de despotisme ou de gouver-« nement absolu, on sait rarement ce qu'on dit : « il n'y a point de gouvernement qui puisse tout « en vertu d'une loi divine. Il y a toujours à côté « de toute souveraineté une force quelconque « qui lui sert de frein. C'est une loi, c'est une « coutume, c'est la conscience, c'est une tiare, « c'est un poignard, mais c'est toujours quelque « chose (1). »

D'un autre côté, l'histoire ne nous fait malheureusement connaître aucun peuple que sa vertu ait préservé des imperfections attachées à toutes les institutions humaines. Ces deux suppositions forment les deux extrémités d'une ligne dont les points intermédiaires sont marqués par des nuances souvent difficiles à saisir. On ne peut même les soumettre à l'observation, qu'en les divisant

(1) *Du Pape*, par M. le C. de Maistre.

par masses. C'est ce que je vais essayer de faire, en traitant séparément de l'aristocratie, de la monarchie et du système représentatif.

CHAPITRE IV.

Aristocratie.

L'accroissement des richesses agricoles, industrielles ou commerciales amène naturellement l'inégalité des fortunes, et quelque fondées que puissent être les plaintes de ceux que le sort a le plus maltraités, il n'est pas moins de toute vérité que cette inégalité, dans laquelle un observateur superficiel ne voit qu'une difformité de la nature humaine, est la cause première du mouvement des esprits et des progrès de la société. Aucun gouvernement n'a été institué que dans la vue de la maintenir. Quel est celui de nous qui voudrait végéter dans l'engourdissement de la vie sauvage? qui se trouverait heureux d'un ordre de choses par lequel le partage des biens étant irrévocablement fixé, nul ne pourrait espérer une existence plus douce? Personne ne pouvant améliorer sa position, tout le monde y serait également misérable.

Du milieu de cette inerte utopie s'élèvent quelques hommes entreprenans assez heureux pour acquérir une quantité surabondante des choses qui jusqu'à présent n'ont servi qu'à satisfaire les premiers besoins. Un intérêt commun les porte à se coaliser entre eux pour mettre leurs propriétés nouvelles à couvert des attaques de ceux qui n'ont point encore acquis de superflu. Ceux-ci qui ne peuvent ou n'ôsent s'approprier par la force ce qui est l'objet de leurs désirs, ont recours à des traités, par lesquels ils donnent leur travail en échange de ce qui doit ajouter à leur bien-être. En même temps, d'après le besoin généralement senti de créer une force publique qui mette les petites propriétés aussi bien que les grandes à l'abri de toute usurpation, il se forme une association, à la tête de laquelle se trouvent placés naturellement les plus riches comme étant les plus clairvoyans, les plus intéressés à la prospérité générale à raison des plus grands avantages qu'ils en retirent. Les propriétaires se mettent en garde contre l'invasion de ceux qui n'ont rien. Ceux-ci mettent à leurs services un prix, sur lequel ils fondent leur subsistance. On stipule pour l'avenir. et l'autorité reste, en définitive, entre les mains d'une classe distincte de celle qui n'a que l'alternative de renverser les institutions convenues ou de se les rendre utiles en s'y soumettant.

Pour que cet ordre de choses soit durable, il faut que l'opulence des patriciens n'ait jamais à redouter d'égalité de la part de ceux qui ne doivent être que sujets. Car ces nouveaux riches auraient des prétentions égales aux leurs, et si elles se réalisaient, que produiraient-elles? Ce ne serait sûrement pas la démocratie, puisque nous avons vu qu'elle ne pourrait se consolider qu'autant que l'ambition et la cupidité seraient bannies de la république. Les talens ou les intrigues d'un particulier pourront bien l'élever à la suprême puissance; mais s'il y est porté par une partie de la noblesse, ses égaux ne souffriront pas qu'il la transmette à ses descendans : et s'il est appuyé des suffrages du peuple, le résultat inévitable sera le despotisme, soit immédiatement, soit plus tard, comme conséquence d'une république corrompue.

Ces divers écueils font qu'il y a toujours un

fond de tyrannie dans ce genre de gouvernement, dont l'existence est constamment menacée par l'agrandissement de tout individu, à quelque classe qu'il appartienne. Il ne peut se soutenir que par des privilèges excessifs. Mais comme ici bas il n'est rien qui n'ait son contre-poids, l'aristocratie doit trouver le sien dans la modération qui, selon Montesquieu, doit en être le principe; ce qui veut dire que, si les sujets doivent être dans une dépendance assez grande pour ne pas donner d'ombrage, leur condition, d'ailleurs, doit être assez douce, pour leur ôter la tentation de secouer le joug. Un tel ordre de choses fut long-temps favorisé par les mœurs des anciens Romains, qui jusqu'au jour où ils se partagèrent les dépouilles du monde, ne connurent d'occupation digne d'un homme libre, que la guerre et l'agriculture, toutes deux médiocrement lucratives. L'abolition de l'esclavage chez les modernes a rendu la balance des pouvoirs bien plus compliquée, par l'admission aux droits civils d'une population pauvre, libre, industrielle ou commerçante, dont auparavant les occupations étaient abandonnées aux esclaves, ou tout au plus aux affranchis.

Il est donc vrai de dire que dans l'aristocratie l'état réside, pour ainsi dire, tout en entier dans la classe dominante, et que, par cette raison, elle participe aux abus du despotisme, comme à ceux de la démocratie : mais avec cette modification, que les vues opposées de ceux qui la composent les éclairent mieux comme despotes, sur l'intérêt qu'ils ont à ménager la classe obéissante, et que, comme républicains, le soin de leur conservation les tient plus en garde contre ces momens d'effervescence si dangereux pour toute réunion nombreuse.

CHAPITRE V.

Monarchie.

Jusqu'à présent nous avons vu le despotisme ainsi que la république aristocratique ou démocratique, obligés de lutter contre la passion la plus active du cœur humain, la soif de l'or et du pouvoir. Elle fait trembler le despote sur son trône, d'où elle peut le précipiter, pour y placer un heureux concurrent. Elle corrompt la démocratie dans son principe, en altérant la simplicité de mœurs, et l'égalité qui en est le fruit : et ces deux causes réunies concourent à la ruine de l'aristocratie. Rien, cependant, n'est moins propre à prévenir ces funestes effets, que la marche suivie dans toutes les républiques, où l'accroissement des richesses est le principal objet de la sollicitude du gouvernement. Aussi qu'en arrive-t-il? L'histoire nous répond que Carthage, souveraine des mers, fut détruite par une rivale pauvre et frugale; que le peuple-roi gorgé de butin, se courba sans résistance sous le joug insensé de ses empereurs; que la Toscane a eu ses Médicis, la Hollande ses stathouders, et que sans parler du sort de Venise et de Gênes, les nobles Polonais eux-mêmes, toute territoriale qu'était leur opulence, n'ayant voulu conserver qu'une ombre de royauté, n'ont pu préserver leur patrie de la honte d'être rayée du nombre des nations.

Sans doute la royauté n'a pas toujours été à l'abri de l'usurpation. Mais ne faut-il pas un concours de circonstances bien extraordinaires, pour qu'un sujet ôse concevoir de si hautes espérances? La richesse ne suffit pas; les services les plus éclatans ne peuvent même en faire naître l'idée, qu'autant que les ordres intermédiaires sont anéantis, ou devenus complices de la révolte. La monarchie seule, redoutant moins les ambitions particulières, peut les laisser s'agiter, chacune dans sa sphère, encourager toutes les émulations, et modifiant les unes par les autres, rendre utile à la société ce qui partout ailleurs est un germe de corruption et de mort. Pourquoi les richesses affaiblissent-elles l'esprit public? C'est que, pour les acquérir, les actions basses sont souvent plus profitables que les bonnes. C'est que la crainte de les perdre et le désir de les accroître accompagnant toujours leur possession, il est impossible que l'esprit, par lequel on les a acquises, ne préside pas à leur gestion, et que cette attention continue ne dégénère pas en égoïsme.

Contre ce malheureux penchant destructif de toute société, les lois sont impuissantes. Il faut qu'il soit combattu par un autre qui sans être une vertu en produit souvent les effets. Je veux parler du prix qu'on met à l'estime de ses semblables; celle-ci que la fraude peut usurper momentanément, mais qui n'est durable que par une conduite soutenue, donne à celui qui l'obtient une supériorité, qui néanmoins ne va jamais au point de le rendre indépendant de ceux qui en sont les dispensateurs. La considération dont il jouit dans sa classe ne lui serait point accordée dans une autre, dont il ne partage pas les mœurs ni les préjugés. L'honneur que Montesquieu a désigné comme principe de la monarchie, n'est pas le même pour un magistrat que pour un militaire. Ce qu'ils ont de commun tend évidemment au bien de l'état : ce en quoi ils diffèrent, n'y contribue pas moins, par la raison que le frottement de ces divers rouages, les maintient tous dans les bornes qui leur sont assignées par la nature des choses, et que de leur ensemble résulte la vigueur du corps social.

Il n'en est pas de même des constitutions privées de corps intermédiaires. L'ascendant que donnent les richesses ou le talent (je ne parle pas du mérite qui n'est plus digne de ce nom, dès l'instant qu'il devient dangereux) s'exerce également sur tous. Il entraîne les masses d'autant plus faciles à enflammer, que les intérêts sont plus uniformes. L'impuissance seule borne les prétentions de celui qui jouit d'une grande popularité. Triste destinée de tous les ouvrages des hommes! On ne peut louer en eux que l'absence des imperfections auxquelles ils échappent. Et comme la monarchie en renferme infiniment moins que toute autre organisation sociale, je fais des vœux ardens, autant par conviction que par devoir, pour que la France n'oublie jamais qu'elle fut redevable à la royauté légitime, de huit siècles d'existence et d'un grand nombre d'années de gloire.

CHAPITRE VI.

Système représentatif.

Il est peu de gens aujourd'hui qui ôsent mettre en doute l'excellence du gouvernement représentatif, ou même croire à la possibilité de le remplacer par quoi que ce soit au monde, sans mettre en danger les libertés publiques. C'est pour le plus grand nombre un mot magique, dont on ne se met en peine ni de déterminer la signification, ni de calculer les conséquences. Il faut que le peuple ait des représentans. Passé cela, on ne s'inquiète plus de l'usage que ceux-ci pourront faire de leur pouvoir.

Sans doute les avantages de ce système sont grands; les mécontentemens sont adoucis par l'espoir que quelque voix s'élèvera pour les faire cesser. Les abus de l'autorité sont moins à redouter par la raison que ses actes sont soumis à une censure permanante, quelquefois injuste et toujours menaçante. Enfin on obéit plus facilement à des lois qui ont été discutées publiquement, et qui régissent ceux même qui les ont votées. On a vu cette résignation s'étendre sans murmure jusqu'à l'acceptation des mesures de finance les plus onéreuses. D'ailleurs, si la chambre élective cesse de mériter la confiance de ses commettans, ce n'est encore qu'un mal passager dont les élections périodiques fournissent le remède.

Je crois pouvoir me permettre ici de regarder comme susceptible de quelque modification l'assertion de Montesquieu, qui borne la durée de cet ordre de choses à l'époque où la puissance législative sera plus corrompue que le pouvoir exécutif. Il ne pensait alors qu'à la possibilité du renversement du gouvernement représentatif, par l'ascendant de la couronne. Nous, au contraire, nous avons vu l'autorité royale foulée aux pieds par une fausse représentation nationale qu'avait produite le doublement du tiers. Lorsque les vertus du roi martyr eurent à lutter seules contre les idées prétendues philosophiques mises en fermentation par l'assemblée dite constituante, il y aurait eu de la ressource, si le délire ne s'était pas également emparé de la grande majorité des électeurs.

et s'ils eussent conservé ces sentimens d'un patriotisme modeste et désintéressé qui, comme dans la démocratie, sont la mesure du degré de liberté dont une nation est appelée à jouir.

Malheureusement le désir si naturel à l'homme d'acquérir de la célébrité, fait courir un grand danger aux assemblées délibérantes. Affranchi de toute responsabilité, un député peut se croire tout permis pour réaliser les promesses au moins inconsidérées par lesquelles il a capté la confiance de ses commettans : et si la majorité se trouve imbue de ces idées contagieuses qui, comme des maladies de l'esprit humain, n'affligent que trop souvent les peuple, on la verra s'efforcer d'envahir les fonctions du gouvernement, tandis qu'elle n'avait d'autre mission que celle de s'opposer à l'arbitraire. Que devient alors ce privilège inappréciable pour le peuple, de faire connaître par l'organe de ses représentans, les abus dont il croit avoir à gémir, si les sophismes de la malveillance sont appuyés par ses mandataires infidèles, qui penseront que des flatteries prodiguées à la multitude leur seront plus profitables que celles qu'ils adresseraient au monarque? Que deviendra l'État, si pour trouver un appui dans la chambre, le pouvoir exécutif est forcé de s'écarter des principes consacrés par la raison souveraine? Plus la machine se complique, plus il est difficile de fixer avec précision la destination théorique de chaque rouage. Une semblable organisation a toujours quelque chose de problématique, de sujet à discussion; et peut-être est-ce là ce qui séduit un peuple civilisé, chez lequel les affections du cœur sont émoussées par l'habitude du raisonnement.

On s'est flatté d'avoir, au moyen de la représentation, prévenu les orages dont étaient habituellement menacées les républiques anciennes où le peuple assemblé prenait une part directe à la discussion des affaires. Cette invention moderne diminue à la vérité les momens de crise, quant au nombre. Mais je ne sais si les erreurs d'une chambre de représentans ne sont pas plus funestes, et les plaies faites par elles, à la société, plus difficiles à guérir. Au milieu des plus déplorables excès de la multitude, il est bien peu de ceux qui en font partie, à qui un instant de réflexion ne suffise pour comprendre que la satisfaction passagère d'une passion coupable est le seul avantage que chacun d'eux puisse retirer du désordre, et qu'indépendamment de la crainte du châtiment, la prolongation des troubles est évidemment une calamité pour tous. Le défaut d'ensemble dans les vues et dans l'exécution, le manque d'une confiance entière en ceux, aux instigations desquels on a cédé, souvent un reste de pudeur, un obstacle imprévu, la lassitude, l'inconstance, l'approche de la nuit (1) ou de l'heure qui rappelle à des occupations forcées, les causes les plus légères enfin, peuvent arrêter le torrent, ou changer sa direction.

Nos épreuves révolutionnaires nous ont montré toutes les ressources des passions des hommes éclairés. Il n'en est pas un qui ne se propose un avantage personnel. Plus il est éloigné du pouvoir, plus il a d'intérêt à la durée de l'anarchie. Les rivaux se rapprochent par des concessions mutuelles, ils forment des plans, se choisissent des chefs, calculent les résistances, ne se laissent point abattre par des revers qu'ils ont prévus; et le temps

(1) Le cardinal de Retz disait que le Parisien n'aimait pas à se désheurer.

qu'ils ne peuvent employer à faire agir les masses, est mis à profit par eux pour les menées sourdes, les séductions et la distribution des rôles. Ainsi, les crimes réfléchis de ces derniers ne garantissent pas des vices anarchiques de ceux qu'ils appellent à leur aide. C'est là ce qu'on a vu, que l'on verra toujours, aussi long-temps que l'expérience ne sera comptée pour rien.

Dans une réunion quelconque, on ne doit jamais perdre de vue qu'elle ne peut être utile, qu'autant qu'elle remplit les conditions imposées à tout être intelligent. Pour qu'elle ne soit pas une source de calamités, il faut, ou qu'une autorité supérieure la force à se conformer aux lois émanées de la raison souveraine; ou qu'une modification intérieure porte le plus grand nombre de ses membres à marcher dans cette voie; ou qu'au moins elle soit menacée de quelques dangers, qui ne lui permettent pas de s'en écarter sous peine d'une ruine imminente. L'histoire romaine nous fournit un exemple remarquable de ce dernier genre. Aussi long-temps que le peuple, auquel appartenait la décision des affaires les plus graves, n'eut en tête que des ennemis, dont les forces étaient égales aux siennes, et que sa destinée put dépendre du mauvais succès d'une campagne, l'appel au drapeau fut pour les conseils un moyen infaillible de suspendre les divisions intestines. L'amour de la patrie était un instinct de conservation. Les prétentions ambitieuses prirent sa place du moment où l'on cessa de combattre *pro aris et focis*, et l'immensité des conquêtes anéantit la république.

En Angleterre, la marche des événemens a amené dans la composition de la chambre des communes des modifications, qui jusqu'à présent l'ont mis à l'abri des tentations de désorganisation, mais qui ne s'établiront jamais dans un autre pays par des lois improvisées. Pour nous, le désir de repousser tout ce qui pourrait réveiller d'anciens souvenirs, nous transporte au point que nous ne voulons pas apercevoir le vide que cette destitution a laissé dans nos institutions, sans que rien ait été créé pour le combler. Avant nos derniers prétendus états-généraux, il existait des ordres imposans par leur fortune territoriale, recommandables par une longue possession de crédit et de prééminence, et, j'ôse le dire, par le mérite personnel d'un grand nombre de leurs membres. C'étaient des ouvrages avancés à l'abri desquels le trône semblait être inattaquable. Une fois appelés à délibérer, la vanité, l'irréflexion, la peur, les ont portés successivement à provoquer eux-mêmes leur ruine, et c'est de leur propre sein qu'est sorti l'arrêt de leur destruction.

A la place de ces notabilités permanentes que nous avons proscrites, il faudra bien chercher quelque part cette influence conservatrice qui leur était dévolue dans l'intérêt de l'ordre et de la stabilité. Mais à l'esprit de corps a succédé la confiance la plus entière de chacun en ses propres lumières. On s'est accusé réciproquement d'arrière-pensées coupables, d'exagération ou de pusillanimité; les uns ont trouvé qu'on allait trop loin, d'autres qu'on ne faisait pas assez. Les ministres ont été changés, les chambres dissoutes, les lois amendées, et les récriminations ont toujours été les mêmes. Est-ce aux hommes qu'il faut s'en prendre, ou plutôt le vice n'est-il pas inhérent à la nature même d'un ordre de choses si nouveau pour nous?

Quoi qu'il en soit de cette question, sur laquelle je hasarderai plus tard quelques réflexions, un député doit toujours se rappeler qu'il ne fait plus partie de cette multitude faite pour sentir, mais incapable de comparer, de réfléchir et de prévoir. Il en est le représentant pour veiller à ses véritables intérêts, et non pour être l'organe de ses passions, puisque c'est à sa raison que ses commettans ont donné leur confiance. Mais comme celle-ci n'est elle-même qu'une portion de la raison nationale, laquelle réside dans la réunion des trois pouvoirs, qu'il ne perde jamais de vue qu'il ne peut rien comme individu, qu'il n'a d'importance que par la masse à laquelle il se rallie; et que pour ne pas l'affaiblir et faciliter le triomphe de ses adversaires, il est de son devoir de ne pas tenir exclusivement à son opinion dans ce qui n'a rapport qu'aux moyens d'exécution, dont la direction appartient au ministère.

C'est là ce qu'en Angleterre on appelle la conscience parlementaire; dénomination sur laquelle il est aisé de jeter du ridicule, qu'on flétrira même du nom de corruption, et sans laquelle néanmoins toute association devient impossible, parce qu'il n'en est aucune qui puisse se passer d'un régulateur, dont la prépondérance l'éclaire et prévienne ces funestes subdivisions, causes infaillibles de dissolution Qu'on examine la conduite de la minorité d'une assemblée, le soin de la défense commune réunit les esprits : on n'y regarde pas comme de faux frères ceux qui diffèrent dans le choix des mesures à prendre pour arriver au même but. C'est qu'il ne s'agit pas encore de l'exercice du pouvoir, et cependant la modération, qui n'est pas toujours la meilleure route à suivre pour y parvenir, est généralement la plus sûre pour s'y maintenir.

§ II. — Ce que je dis de la chambre élective, s'applique également à celle des pairs, relativement à la manière de voter, avec cette différence, que le devoir principal de celle-ci ne consiste pas dans la recherche minutieuse de ce qui peut blesser les intérêts privés. Cette fonction importante est dévolue à une autre branche de la législature. D'ailleurs, à raison de ses priviléges, dont la stabilité est inséparable de celle du trône, elle est plus spécialement chargée de veiller au maintien des institutions. Voilà pourquoi jusqu'à présent et dans tous les pays, elle avait été héréditaire. Au point où nous en sommes, elle n'a pas encore poussé en France des racines assez profondes, pour prêter, ainsi que chez nos voisins, une grande assistance à la couronne. Que serait-ce si, s'abusant sur ses vrais intérêts, elle allait compromettre son existence, en courant après une popularité, qu'il est de son devoir de combattre, puisqu'elle est créée pour prévenir les erreurs et les fluctuations de la démagogie.

Pour que cette utile destination des pairs ne fût pas illusoire, je voudrais voir chacun d'eux entouré d'une nombreuse clientelle, qu'attacherait à lui le crédit inséparable de sa haute position, joint aux bienfaits qu'il répandrait dans son département, où, dans l'intervalle des sessions, il ferait un noble usage de son opulence territoriale. Il n'appartient qu'au temps de faire naître en eux le goût et la possibilité de se créer une aussi belle existence. Louis XVIII ne pouvait donner tout à coup en France l'influence des richesses aux victimes de la révolution, pas plus que celle des souvenirs à des hommes nouveaux, ni celle de la considération à ceux dont l'élévation rappelle l'époque de nos calamités. D'honorables exceptions ne peuvent suppléer que lentement à ce qu'il y a de défectueux sous ce rapport dans nos relations sociales.

§ III. — J'ajouterai peu de choses à ce que j'ai dit de l'autorité du roi, dans le chapitre précédent. L'intervention des chambres semblerait devoir lui en rendre l'exercice plus facile, en ce que les besoins du peuple peuvent parvenir plus aisément à sa connaissance ; mais ce n'est pas assez pour lui de ne pas dépasser les bornes prescrites à son pouvoir : il doit, de plus, compte à la nation, bien plus qu'à lui-même, de la conservation intacte de ses prérogatives. On ne veut voir en elles que l'intérêt particulier du souverain. C'est bien plutôt l'intérêt général qu'elles ont en vue, quoiqu'elles excitent la méfiance de ceux qui ne veulent pas comprendre à quel point elles sont nécessaires au repos de tous.

Une monarchie mixte est empreinte de traits caractéristiques, qui la distinguent essentiellement de toute autre espèce de gouvernement. La ligne de démarcation entre *l'influence indirecte du sen-*

timent, ou l'esprit public, et *l'action directe du raisonnement* ou le pouvoir exécutif n'y est pas tracé d'une manière bien prononcée. Le premier, qui partout ailleurs, excepté dans la démocratie pure, n'est que de la résistance, entre ici lui-même en partage de l'autorité. D'un côté le besoin d'ensemble, de l'autre, les exigences souvent indiscrètes de la liberté, nous donnent le spectacle de deux forces rivales, dont il est difficile d'assigner avec précision les limites naturelles. Je ne suis donc pas étonné de la sévérité du jugement porté par un auteur moderne, en 1800. « Ceux qui regardent un gouvernement repré- « sentatif, comme quelque chose qui approche de « la perfection, comme on paraît disposé à le « croire aujourd'hui sur le continent, se trouve- « ront bien trompés, s'ils ont jamais occasion d'en « faire l'épreuve. Et quant aux Français, ils re- « connaîtront qu'ils ont beaucoup à apprendre sur « ce sujet. Il est assez évident, d'après l'histoire « du parlement d'Angleterre, et d'après la con- « duite de l'assemblée constituante de France de « 1789, que partout où il existe une représenta- « tion nationale, il faut que le pouvoir exécutif

« trouve quelques moyens pour conduire à son « gré l'assemblée, sans quoi elle le renversera. « La représentation est donc en pratique, bien « autre chose que ce qu'elle est en théorie, une « réunion d'hommes agissant d'après des princi- « pes purs et indépendans, pour l'intérêt des peu- « ples (1). »

RÉSUMÉ.

Puisque dans un gouvernement représentatif, la chambre élective est le centre auquel toutes les affaires viennent aboutir plus ou moins directement, il est important d'examiner la position de ceux qui la composent. Je ne suppose pas que ce soit un pouvoir discrétionnaire auquel ils aspirent : ce serait ajouter aux dangers de l'aristocratie, tous ceux qu'entraînent l'inconstance et les variations de l'éligibilité. Les Polonais, qui n'avaient qu'à élire un monarque à des époques incertaines et éloignées, n'ont pu se soustraire à cette influence désorganisatrice. Que serait-ce, si des époques fixes amenaient quelques centaines d'hommes nouveaux au partage d'une autorité indépendante ?

(1) *La France telle qu'elle est*, par Playfair.

Ces hommes nouveaux, dira-t-on, contenus par la prérogative royale, seront forcés de suivre la ligne tracée par leurs prédécesseurs. Mais alors ils ne seront plus indépendans. Voudront-ils se résigner à ne pas l'être? Le droit de pétition soumet à leur censure les plus petits détails de l'administration, et celui de refuser l'impôt, est un moyen irrésistible de propager tout ce que, par intérêt personnel ou même par des idées irréfléchies de perfectionnement, ils jugeront à propos de substituer à ce qui blesse leur amour-propre; et si l'on m'objecte l'ascendant que l'expectative des graces peut exercer sur chacun d'eux en particulier, nous retombons dans l'affligeante alternative, de n'avoir plus à choisir qu'entre une chambre servile, ou une chambre séditieuse.

Peut-être trouverons-nous en dehors de cette partie de la législature, quelque force impartiale et conservatrice, qui lui servira de modérateur. C'est ce qu'on a tenté plusieurs fois en France, depuis quarante ans, par l'établissement d'un conseil des anciens, d'un sénat, d'une pairie, même héréditaire; comment se fait-il donc que tant d'essais aient été infructueux? tandis que la chambre haute en Angleterre, conserve toute sa prépondérance. La raison en est bien simple; c'est que la composition de la chambre basse dépend en grande partie des pairs. Ce sont des fils de lords, des hommes qui leur sont dévoués par intérêt, et qui ayant tout à attendre de quelques-uns d'entre eux, ne travailleront jamais au renversement de la constitution actuelle, à moins que les changemens, qui commencent à s'introduire sous le nom de réforme parlementaire, ne soient de nouveaux germes de discorde et de destruction. Il est bon d'observer de plus, qu'en Angleterre le gouvernement n'est pas obligé, comme en France, de lutter seul contre l'opposition, et qu'il est soutenu par un parti puissant, riche, indépendant, lequel se charge des démarches, ou si l'on aime mieux, des intrigues qui précèdent les élections. L'opposition, d'ailleurs, toute libérale dans les formes, n'en est pas moins au fond généralement monarchique.

Le gouvernement en France doit-il donc se condamner à demeurer spectateur impassible de toutes ces manœuvres, qui ont une si grande influence sur la fortune publique? On se récrie contre la dépendance à laquelle sont soumis ceux des électeurs qui occupent des places, soit par la crainte d'une destitution, soit par l'espoir de quelque avancement. Écoutons à ce sujet, un historien bien connu par l'indépendance de ses opinions. « Quoiqu'il soit fort difficile d'exclure en-« tièrement les pensions et d'autres amorces, ce « sont des expédiens fort dangereux, qui ne peu-« vent être trop écartés, ni trop décriés, par ceux « qui respectent la vertu et la liberté dans une na-« tion. Cependant, l'influence que la couronne « peut acquérir par la disposition des emplois et « des dignités, est d'une nature fort différente. Cet « instrument du pouvoir devient quelquefois ir-« résistible, mais il ne peut être entièrement sup-« primé, sans la ruine totale de la monarchie, et « même de toute autorité régulière (1). » — J'ajouterai que ce moyen de séduction a du moins l'avantage de donner de l'ensemble à l'administration, en n'y faisant participer que ceux qui professent des principes uniformes. Si ces principes sont mauvais, la constitution doit fournir les moyens d'y porter remède. Mais jusqu'au mo-

(1) *Histoire d'Angleterre*, de Hume.

ment de leur rectification, leur application ne doit pas être livrée aux interprétations des subalternes. De plus, les ministres étant responsables, doivent naturellement avoir le choix de ceux qu'ils emploient.

Quel que soit le résultat de ces mesures préparatoires, il n'en restera pas moins au gouvernement une tâche immense et difficile à remplir. L'auteur que j'ai déja cité (1) indique la marche suivie en Angleterre, pour obtenir et conserver cet ascendant, qui lui paraît indispensable. « M. Pitt, dit-il, divisa la chambre des commu-
« nes en sept classes : 1° les propriétaires ; 2° les
« commerçans en général ; 3° ceux qui font le
« commerce des Indes orientales ; 4° ceux qui
« font le commerce des Indes occidentales ; 5° les
« Écossais ; 6° l'armée de terre ; 7° la marine. On y
« en a joint depuis cette mesure, une huitième :
« les Irlandais. Il n'est plus question maintenant
« de corruption individuelle ; mais il est bien en-
« tendu, par chacune de ces classes, que dans les
« questions ministérielles, elles doivent donner

(1) Playfair.

« au gouvernement un appui suffisant pour em-« porter la balance ; et qu'alors lorsqu'il se pré-« sente quelques questions intéressant particu-« lièrement l'une d'entre elles, le ministre à son « tour lui accordera son soutien. Par ce moyen, « les différens intérêts, car tel est le nom qu'on « donne à ces classes, font entre eux des arran-« gemens qui mettent le ministère dans le cas « de marcher hardiment, sans s'arrêter pour « consulter les dispositions des individus. »

Cette classification, dont l'exactitude nous importe peu, donne au moins une idée de la manière dont on peut concilier l'intérêt général qui repose sur la prépondérance de la couronne, avec les intérêts particuliers des diverses classes. Sans cela, je doute qu'on parvienne jamais à se garantir des déchiremens, que ne peuvent manquer de produire les opinions individuelles, groupées au hasard sous les noms d'extrême droite ou gauche, de centre, de contre-opposition, de défection, de tiers-parti, de doctrinaires, etc. Ce ne sont pas des opinions, ce sont des sentimens basés sur des intérêts qui font la force publique.

En dernier résultat, pour que l'empire de la

charte se consolide parmi nous, il faut que les prétentions particulières soient toutes contenues par une autorité soumise uniquement à la raison souveraine. Puisque c'est un homme qui l'exerce, elle pourra bien quelquefois s'égarer; mais au moins ces erreurs passagères n'entraîneront pas le bouleversement de la société. Il faut que, par une combinaison bien entendue des organes de l'opinion publique, le pouvoir exécutif trouve plus de défenseurs que d'ennemis parmi ceux qui, chargés de veiller à ce qu'il ne dégénère pas en despotisme, sont exposés à la tentation d'exploiter à leur profit cette honorable mission. Les gros propriétaires sentent naturellement que le trône est leur principale garantie contre l'anarchie; aussi le double vote était-il un appel fait à leur intérêt personnel, auquel celui de tous est essentiellement lié! Mais cet avantage était trop apparent pour ne pas exciter l'envie, comme privilège; et trop peu puissant, comme moyen, pour produire l'effet qu'on en attendait, puisqu'il n'augmentait que d'un cinquième le nombre des députés. Sans doute le sentiment de l'ordre existe aussi chez les électeurs probes de toutes les catégories; malheureusement leur position secondaire les rend plus faciles à céder aux suggestions astucieuses et multipliées des intrigans, à qui tous les moyens sont bons pour arriver à leur but; ainsi, soit en pratique, soit en théorie, je ne vois encore nulle part aucun motif de sécurité raisonnable.

On a pensé jusqu'à présent que le seul moyen raisonnable était de ne faire participer au droit électoral, que ceux dont la fortune territoriale donnait une garantie plus ou moins assurée. Mais les classifications quelconques sont peut-être la chose à laquelle l'opinion répugne le plus aujourd'hui; on se passionne donc pour le vote universel, sans être d'accord sur les moyens à employer pour empêcher qu'il ne nous précipite dans tous les désordres d'une démocratie incompatible avec l'étendue de notre territoire : il en résulterait que la voix du contribuable le moins imposé, aurait une valeur égale à celui du plus riche propriétaire; que l'habitant d'une commune payant à lui seul la moitié des contributions, serait à la merci de tous les autres, dont le nombre est d'autant plus considérable, que leurs cotes sont plus modiques. Ce serait faire pencher la balance du côté de la classe la moins instruite, la plus exposée aux tentations, la plus accessible aux séductions des agitateurs, la plus disposée à courir toutes les chances des innovations, par la raison que ce qu'elle risquerait de perdre, serait hors de toute proportion avec les avantages spécieux, dont on flatterait son inexpérience.

A la vérité ce n'est pas une raison pour la priver de toute intervention, je voudrais qu'elle jouît de la faculté de faire connaître ses besoins, avec l'espoir de voir adopter les mesures qui peuvent améliorer sa position, sans faire courir à la société les dangers qui la menaçeraient si elle y prenait une plus grande part : peut-être en existe-t-il un moyen, dont l'exécution peut éprouver des difficultés, mais contre l'équité duquel je ne crois pas qu'on puisse faire aucune objection solide; c'est ce qui m'enhardit à le proposer, dans un moment surtout où tout le monde se mêle de donner son avis.

Pourquoi tous les contribuables d'une commune ne se réuniraient-ils pas pour nommer autant d'électeurs qu'il en faudrait, pour que chacun fût censé représenter un fonds de terre payant cent francs d'impositions, ou telle autre somme qu'on jugerait convenable? C'est-à-dire qu'une commune payant 1000 francs, enverrait 10 électeurs; ceux ci se réuniraient ensuite au chef-lieu de canton avec les propriétaires payant chacun pour leur compte cette somme convenue, et nommeraient d'autres électeurs jusqu'à concurrence de telle autre somme plus forte, et ces derniers réunis aux plus gros propriétaires, nommeraient définitivement les députés. Je tiendrais seulement à ce que chaque grand collège en nommât deux d'après les motifs énoncés dans une brochure qui date de 1820 (1). Il me semble que de cette manière le système électoral serait en rapport avec les intérêts de tous, ainsi qu'un gage de sécurité pour ceux que leur opulence expose à l'envie du plus grand nombre de leurs concitoyens.

(1) *Du Mode des élections, comparé avec celui qui est en usage en Angleterre.*

CHAPITRE VII.

Souveraineté.

Après avoir interdit au sentiment de la multitude le droit de prononcer en dernier ressort sur les grands intérêts d'une nation, l'on me demandera sans doute jusqu'à quel point le sort de cette nation doit dépendre du raisonnement de celui que le hasard de la naissance, les chances de la victoire ou d'une élection lui auront donné pour souverain. Je ne pense pas qu'on s'attende à trouver dans ma réponse cette précision mathématique qui prévient toutes les objections, et prévoit toutes les combinaisons ; rien d'aussi parfait n'appartient à ce qui dépend de l'intelligence humaine. On ne peut que prendre en considération les imperfections inhérentes à telle ou telle organisation, et puis donner la préférence à celle qui présente la plus grande apparence de stabilité.

Ainsi donc, avant de dire où doit résider la souveraineté dans une certaine réunion d'hommes, il faut savoir si cette réunion est véritablement une société, ou simplement un assemblage spontané d'individus, qui sans danger pour chacun d'eux, peuvent rentrer isolément dans cet état de nature, si imprudemment préconisé dans le siècle dernier. Toute société a besoin d'un agent raisonnable, assez puissant pour donner de l'ensemble à toutes ses parties, et en réprimer les écarts. Sans cette condition cet être collectif ne sera plus intelligent, ou pour mieux dire, cessera d'exister. Un motif de défense, d'invasion ou de vengeance détermine un certain nombre de sauvages à se donner pour chef, celui qui leur paraît non-seulement le plus brave, mais le plus habile, le mieux pourvu des qualités dépendantes des opérations de l'esprit. Toutes les volontés se taisent devant la sienne, jusqu'au moment où, l'entreprise étant terminée, chacun rentre dans son droit primitif. Mais aussi l'association est dissoute, il n'y a plus ni souveraineté, ni corps social, plus d'observations à faire, puisque la civilisation n'est pas encore commencée.

Cependant si ces hommes veulent prendre rang

parmi les nations, le premier usage qu'ils font de leur volonté, est de se dessaisir en faveur de l'un, ou de plusieurs d'entre eux, de la plus noble de leurs facultés, celle de maintenir, autant que possible, tous les élémens de la force publique dans la ligne tracée de toute éternité par la raison souveraine. Certainement le peuple en masse ne peut être que fort ignorant dans cet art qui demande tant de réflexion et de discernement. Ceux qui flattent sur ce point ses aveugles prétentions, ne peuvent avoir pour but que de s'en faire confier la direction. La souveraineté n'est donc pas exclusivement en lui, à moins qu'on n'entende par là le droit de se détruire et d'être volontairement le jouet des factieux ou des insensés.

Mais si le peuple ne peut pas exercer lui-même la souveraineté, on ne peut, dit-on, lui contester l'avantage d'être, plus que personne, capable de choisir ceux qui sont dignes d'en être les dépositaires. Je conçois qu'avant les élections qui nous ont donné l'affreux régime de 1793, ce sophisme ait pu trouver quelque faveur. Quelle que soit, au reste, l'impression qu'a laissée dans les esprits cette effrayante épreuve, et sans insister sur l'analogie qu'il y a entre cette question et celle que nous venons de traiter, je demande où sera la sécurité des gens de bien, si une majorité mobile, et presque toujours acquise par des moyens honteux, suffit pour mettre en danger leur repos, leur fortune et leur vie.

Toute relation suppose un engagement réciproque, au moyen duquel nul ne peut s'approprier un surcroît de pouvoir ou de bien-être, aux dépens de la portion dont tout autre jouit légitimement. La supériorité du nombre des spoliateurs, relativement à celui de leurs victimes, ne fait rien à la justice de leur cause, et tout ce qui n'est pas fondé sur la justice, ne peut ni prospérer ni durer. Comment d'ailleurs le peuple croirait-il sa volonté liée aujourd'hui par l'usage qu'il en aurait fait hier? Comment cèderait-il à la voix de celui qui devrait son élévation à son caprice de la veille? Enfin qu'on consulte l'histoire et l'on verra que les républiques grecques ont dû leur gloire à celle de leurs chefs. Les hautes destinées du peuple romain ont également été l'ouvrage de leurs premiers magistrats : et jusque dans les affreux comités de la convention, l'empire du crime eût été moins durable, sans l'ascendant que leur président exerçait sur eux. Les passions, qui sont le seul contingent que les masses puissent fournir, ont été souvent des instrumens utiles entre les mains de ceux qui ont su s'en servir : mais seules, elles n'ont jamais rien édifié. Il leur faut un régulateur. Telle est la cause de l'existence indispensable des gouvernemens. Voyons maintenant si c'est en eux que réside la souveraineté.

J'ai dit (ch. 2) qu'un gouvernement devait être considéré comme représentant la raison nationale, comme moyen de communication entre la force publique et la raison souveraine, comme puissance établie pour rendre la première obéissante à la deuxième. Ne pourrait-on pas croire d'après cela que c'est en lui que réside la souveraineté, d'autant plus qu'il est de son intérêt de n'en faire qu'un digne usage? Aussi cette considération a-t-elle été constamment la base la plus solide du despotisme, lorsqu'il a voulu se contenter d'être juste et modéré. Mais les passions individuelles sont si habiles à profiter de la facilité qu'elles trouvent à se satisfaire, et le despote est tellement exposé à la tentation de croire, que ce qui lui est agréable est ce qu'il y a de plus avantageux à l'état, que, malgré la stabilité dont cet ordre de choses nous donne le gage apparent, ce n'est pas encore là qu'il faut chercher la souveraineté. Nous n'y trouverions bientôt que la tyrannie.

Il est inutile de répéter les mêmes objections contre la souveraineté absolue de tous les autres genres de gouvernement. Partout le pouvoir est corrupteur; partout ce sont des hommes qui l'exercent; partout l'arbitraire se glisse dans tout ce qui ne repose que sur le jugement individuel.

Que conclure de toutes ces propositions négatives? Que, si par souveraineté on entend la volonté du plus fort, c'est un mot vide de sens; car rien n'est aussi fragile que le succès qu'elle procure, et ce serait dans le prince de Machiavel ou dans les hypocrites inspirations de Cromwel, qu'il faudrait prendre des leçons de conduite politique. Veut-on admettre la supposition d'une chambre de représentans, aux lumières, au désintéressement desquels on pourrait s'en rapporter aveuglément? Je dirai qu'il y aurait en même temps quelque chose de plus admirable; ce serait une nation capable de faire de pareils choix. Et quel besoin aurait-elle alors de constitution, de lois, de magistrats, puisqu'elle se soumettrait d'elle-même, et comme par instinct, aux décrets de la raison souveraine? Si par souveraineté on entend au contraire un droit irrécusable, qui prend sa source en lui-même, contre lequel rien ne prescrit, il me semble qu'il ne faut pas le chercher dans un être apparent qui se dévoile à nos yeux d'une manière uniforme dans toutes les circonstances. C'est bien plutôt le résultat de toutes les modifications qu'ont fait subir au corps social les événemens, les intérêts généraux, les mœurs, les préjugés. En un mot, il n'y a souveraineté, sans anarchie ni despotisme, que là où il y a harmonie entre la force publique et l'autorité, et cette harmonie, qui est la vie de l'être collectif intelligent, est inséparable de l'observation des institutions éprouvées par le temps.

Les partisans du droit divin ne sont pas dans le fait plus exigeans. Le précepte de la soumission aux puissances est universel. Il s'applique aux cantons démocratiques de la Suisse comme à l'ancienne aristocratie de Venise. Nouvelle preuve de cette disposition bienveillante de la Providence, qui embrasse et couvre de sa sanction tout ce qui assure le repos du genre humain.

Ce respect pour les institutions existantes trouve de nos jours un trop grand nombre de contradicteurs, pour que je n'aie pas besoin d'appuyer mon assertion de quelque autorité recommandable. « L'art de bouleverser les États est d'ébranler les « coutumes établies, en sondant jusque dans « leurs sources, pour y faire remarquer le défaut « d'autorité et de justice. Il faut, dit-on, recourir « aux lois fondamentales et primitives de l'état, « qu'une coutume injuste a abolies (1). » Et plus bas : « Montaigne a raison. La coutume doit être « suivie, dès-là qu'elle est coutume, et qu'on la « trouve établie, sans examiner si elle est raison- « nable ou non. Cela s'entend toujours de ce qui « n'est point contraire au droit naturel ou divin. « Il serait bon qu'on obéît aux lois et coutumes, « parce qu'elles sont lois, et que le peuple comprît

(1) *Pensées de Pascal*, chap 25.

« que c'est là ce qui les rend justes. Par ce moyen
« on ne les quitterait jamais; au lieu que, quand
« on fait dépendre leur justice d'autre chose, il
« est aisé de la rendre douteuse, et voilà ce qui
« fait que les peuples sont sujets à se révol-
« ter (1). »

Je dirai donc aux novateurs, à qui les moyens violens ne coûtent rien, qu'ils s'éloignent évidemment du but qu'ils ont l'air de vouloir atteindre, et que le bien qu'ils ont rêvé, ne pourra s'opérer que bien long-temps après eux, lorsque, le besoin du repos permettant de rassembler de nouveau une partie des matériaux qu'ils auront dispersés, on en reviendra à des principes diamétralement opposés à ceux qu'ils propagent pour détruire.

De quoi se plaignent en effet ces artisans de troubles, pour inspirer le désir d'une heureuse régénération? Ou de ce que le gouvernement fait de son pouvoir un usage nuisible à l'intérêt général, ou de ce que celui dont il est investi, est excessif. Dans le premier cas, si les places sont occupées par des hommes probes, incapables de rien faire de *con-*

(1) *Idem*, chap. 29.

traire au droit naturel ou divin, il est à peu près certain que les abus qu'on signale, sont plus apparens que réels, peut-être les palliatifs d'autres abus bien plus graves, ou les suites inévitables de lois avantageuses sous d'autres rapports. Alors la résistance passive de ces honnêtes magistrats doit nous rassurer. Mais si ces fonctionnaires sont méprisables, et n'en jouissent pas moins de tous les dehors de la considération, c'est une preuve non équivoque que la corruption est dans toutes les classes, et que la nation, loin de pouvoir prétendre à plus de liberté, n'a plus même les qualités nécessaires pour supporter celle qu'elle a. On flattera la multitude; on la corrompra de plus en plus, et la tyrannie seule pourra mettre un terme à ces excès (1).

(1) *Vie d'Ali-Pacha*, p. 180. — « Un philosophe albanais, qui avait connu la France, séjourné à Paris et fréquenté des hommes contemporains de Voltaire, s'exprimait en ces termes : « Primiti m'a vu naître, et l'homme sage et prudent « peut être heureux partout. J'en suis un exemple incontes- « table. J'ai vu Versailles et le roi de France, j'ai vu la plus « grande civilisation, j'ai vécu chez le peuple le plus poli du « monde, et, malgré cela, j'ai désiré rentrer dans ma patrie.

Si c'est la trop grande extension du pouvoir dont on se plaint, on ne peut nier au moins qu'une longue durée paisible et glorieuse ne soit une forte présomption en sa faveur ; et le déplacement est rarement un moyen de le tempérer. On en dépouille le faible pour en revêtir l'audacieux. Plus les droits du nouveau chef, héréditaire ou temporaire, sont douteux, plus il est obligé de comprimer la volonté du plus grand nombre, ou de se laisser subjuguer par elle : ce qui, sous divers noms, n'est autre chose que le despotisme ou la démocratie. Tenons-nous-en donc au jugement de l'un des plus judicieux historiens modernes. « Dans les détails de l'exercice du pou-

« Pendant quinze ans j'ai servi, comme interprète, le visir « Ali-Pacha, sans éprouver de sa part ni ingratitude, ni « grande faveur. Son gouvernement, que vous jugez sans « doute avec sévérité, est en rapport avec les hommes qu'il « commande. Ses injustices, ses cruautés, tout est applicable « et proportionné à la nature féroce des Albanais. Il fallait « un tyran pour soumettre un peuple de brigands. Mon lan- « gage vous étonne, je le conçois. Mais, il y a dix ans, vous « auriez été vendu ou assassiné par ceux qui vous accompa- « gnent et qui vous donnent aujourd'hui l'hospitalité. »

« voir, la question dont on ne doit jamais s'écar-
« ter, est de savoir ce qui est le plus juste. Mais
« dans sa distribution entre les divers membres
« d'une constitution, il faut rarement avoir égard
« à autre chose qu'à ce qui est établi. Si l'on sui-
« vait toute autre règle que celle des constitu-
« tions existantes, les factions et les troubles se
« multiplieraient à l'infini (1). » D'après cela, quoiqu'ici bas tout s'altère, toute nouveauté doit être jugée avec sévérité, non pour la repousser toujours avec prévention, mais pour ne pas devancer l'époque à laquelle le temps pourra revêtir de sa sanction ce qu'elle peut avoir d'utile. Le créateur seul eut le droit de dire que son ouvrage était bon au moment où sa parole divine eut créé le monde.

Cependant les meilleurs rouages ont besoin d'être réparés. Je ne connais en ce genre qu'une manière de procéder ; elle ne satisfera pas ceux qui sont pressés de jouir, encore moins ceux qui ont besoin de frapper les imaginations, parce que leurs projets ne pourraient supporter un examen

(1) Hume, *Histoire d'Angleterre*.

réfléchi. Mais elle ne coûte point de sang ni de larmes, elle ne démoralise point un peuple, elle ne sacrifie pas le présent à l'avenir. C'est le président Hénault qui nous l'indique, en parlant de la vénalité des charges (1). « On veut que l'on « vous dise que telle année, à tel jour, il y eut « un édit pour rendre vénales les charges qui la « veille n'étaient qu'électives. Or il n'en va pas « ainsi de presque tous les changemens, qui sont « arrivés dans les États par rapport aux mœurs, « aux usages et à la discipline. Des circons- « tances ont précédé, des faits particuliers se « sont multipliés, et ils ont donné par succession « de temps la naissance à la loi générale, sous « laquelle on a vécu (2). »

La prospérité qui parfois succède aux troubles, ne doit pas nous éblouir. Il semble que le suprême ordonnateur de toutes choses a permis que cette continuation d'activité dans les esprits servît à réparer par un peu de bien, le mal qu'elle avait

(1) *Abrégé chronol. de l'Hist. de France.*

(2) « De leurs coutumes, dit la *Gazette de Normandie*, sep- « tembre 1832, nos pères faisaient des lois : nous, de nos lois, « nous voulons faire des coutumes. »

causé. Mais le quartier de Lisbonne qui souffrit le plus du dernier tremblement de terre, en est aujourd'hui le plus régulièrement bâti. Les rues saines et alignées de Londres datent du grand incendie, qui en consuma la partie la plus populeuse. Préservons-nous donc, autant qu'il est en nous, de ces fléaux dévastateurs, et lorsque les nations auront été punies par des châtimens semblables, il sera temps de faire tourner au profit de l'humanité ces théories, dont l'application prématurée lui aurait coûté si cher. Que chacun se borne à servir son pays conformément à la position dans laquelle le sort l'aura placé, sans aspirer à la fausse gloire d'être le réformateur du genre humain. Que surtout personne n'oublie que, si les souverains sont contenus dans leurs devoirs par la crainte de voir tourner contre eux cette force publique, qu'ils sont appelés à diriger, les peuples aussi ne manquent jamais de trouver le châtiment de leur félonie dans le succès même de leurs révoltes.

J'ai commencé ce chapitre par la question de la souveraineté du peuple et sans l'avoir prévu; j'en suis venu à parler de révolution. C'est que l'une mène inévitablement à l'autre. Qu'avons-nous vu, depuis que le plus éloquent des sophistes a érigé en axiome ce commode et fatal système? Des constitutions éphémères, la terreur, le despotisme avec ses désastreuses conséquences. Qu'on demande au moraliste le plus relâché, si l'homme qui n'écoute que la voix de ses passions, est véritablement un être raisonnable. Sa réponse fixera l'idée que nous devons nous faire d'un peuple souverain.

CHAPITRE VIII.

Idées libérales.

Les partisans de la souveraineté du peuple emploient à l'appui de leurs systèmes inexécutables, quelques-uns de ces mots magiques qui, en soulevant les passions de la multitude, secondent si puissamment les intentions perfides des novateurs. Liberté, égalité, idées libérales, tels sont ces cris de ralliement, qu'il faut essayer d'apprécier à leur juste valeur, pour en tempérer l'influence.

Libéral vient du mot latin *liber*, homme libre, qui n'était à Rome ni esclave, ni affranchi ; car ce dernier conservait encore avec son ancien maître des rapports de subordination. Cet homme libre devait donc avoir des sentimens élevés, nobles, selon l'expression usitée en France, dignes de sa position sociale. On a voulu depuis étendre cette dénomination d'idée libérale à tout ce qui avait l'apparence de l'opposition au pouvoir. Pour moi, je ne les croirai jamais sincères, qu'autant qu'elles se montreront pacifiques et désintéressées.

Les principes démocratiques, qui pour beaucoup de gens en sont la conséquence immédiate, ne sont applicables qu'à un peuple, dont le territoire et la population sont renfermés dans des bornes assez étroites. C'était une vérité généralement reconnue, bien long-temps avant qu'il nous vînt dans la pensée de la confirmer par une douloureuse épreuve, et l'histoire romaine ne dément pas cette assertion, puisque les beaux jours de la république datent du temps où elle n'avait pas acquis, par ses conquêtes, une étendue de territoire disproportionnée. Ce fut alors que l'émulation des plébéiens non encore corrompus, produisit dans son sein une fermentation habituelle, à laquelle elle dut son prodigieux accroissement, jusques aux jours où, le sang ayant coulé sur la place publique, elle devint la cause inévitable de son asservissement.

Dans les monarchies européennes qui furent le produit d'une vaste invasion, le peuple n'a pu jamais être appelé à jouer un rôle aussi important, ne fût-ce que par la raison que la nécessité de la

discipline militaire lui fit contracter des habitudes favorables à l'établissement du régime féodal. Mais il s'en trouve une cause bien plus puissante dans l'abolition de l'esclavage, dont l'humanité fut redevable à la religion chrétienne : bienfait dont la majorité de la population a profité, sans penser aux nouvelles obligations qu'il lui imposait. « Le polythéisme, religion imparfaite de tou-
« tes les manières, pouvait convenir à cet état
« imparfait de la société, parce que chaque maî-
« tre était une espèce de magistrat absolu, dont
« le despotisme terrible contenait l'esclave dans
« le devoir, et suppléait par des fers à ce qui man-
« quait à la force morale religieuse. Le paganisme,
« n'ayant pas assez d'excellence pour rendre le
« pauvre vertueux, était obligé de le laisser
« traiter comme un malfaiteur (1). » Le même auteur cite (2) un passage de la correspondance du patriarche de la philosophie moderne qui résoud la question d'une manière si tranchante, qu'on ne le soupçonnera pas d'avoir été partisan de

(1) *Génie du christianisme.*

(2) *Idem.*

la souveraineté du peuple. « J'entends par peuple « la populace qui n'a que ses bras pour vivre. Je « doute que cet ordre de citoyens ait jamais le « temps ni la capacité de s'instruire. Ils mour- « raient de faim avant de devenir philosophes. « Il me paraît essentiel qu'il y ait des gueux « ignorans, si vous faisiez valoir comme moi « une terre, et si vous aviez des charrues, vous « seriez bien de mon avis. »

Il semblerait effectivement que la liberté des citoyens romains trouvait sa principale garantie dans l'esclavage domestique, ils n'en confiaient le dépôt qu'à des mains pures de toute occupation lucrative, ne s'étant réservé que les armes et la charrue. Ce serait un rapprochement curieux à faire, que celui de l'existence des seigneurs du moyen-âge, avec celle des républicains qui cultivaient la campagne de Rome. Si les premiers abusèrent trop souvent du droit de guerre, dont l'abolition fut le fruit de l'accroissement de l'autorité tutélaire de nos rois, combien l'humanité n'eut-elle pas encore plus à gémir du pouvoir illimité que les derniers exerçaient dans l'intérieur de leurs maisons! Certainement à leurs yeux l'égalité n'était autre chose que le droit pour tout homme libre de prétendre également aux honneurs et aux emplois. Encore la déférence pour les patriciens était-elle portée au point, que les plébéïens hésitèrent long-temps à profiter de la faculté de choisir un consul de leur classe. Une espèce de pressentiment les avertissait sans doute que la confusion des rangs serait le précurseur des guerres civiles, des proscriptions et de la tyrannie impériale. Quelle opinion au reste peut-on avoir des idées libérales d'un peuple chez lequel un maître avait le droit de demander que ses esclaves fussent mis à la question, pour prouver son innocence? où le vertueux Caton lui-même, pour épargner les frais de nourriture de ceux que leur grand âge rendait incapables de travailler, conseillait de les mettre en vente? Le sentiment qui nous fait voir un frère dans celui de nos semblables, que le sort a placé dans notre dépendance, appartient donc uniquement à la religion chrétienne. Quant à l'égalité, qui consiste dans le droit de tous à la protection des lois et dans la suggestion aux peines encourues par ceux qui les transgressent, elle a toujours subsisté, sauf quelques cas d'impunité comme abus, jamais comme principe.

Si le mot égalité sert souvent de prétexte à l'amour-propre pour couvrir ses prétentions, celui de liberté n'est pas sujet à de moins vagues et plus sérieuses interprétations. Le point de vue d'où l'on considère un objet, influe beaucoup, sans qu'on s'en aperçoive, sur le jugement qu'on en porte. Et si cette proposition est vraie, pour ce qui tombe sous les sens, elle l'est bien davantage pour tout ce qui tient au raisonnement; car dans ce cas, le point d'observation est le résultat de la manière dont notre ame est affectée. Nos habitudes, nos préjugés, nos relations y jouent le plus grand rôle. Ainsi, tel homme se croirait parfaitement heureux, s'il jouissait d'une existence, dont la médiocrité fait le tourment de celui qui s'y trouve emprisonné, par la raison qu'il porte plus haut ses prétentions. Borner ses désirs est la science la plus rare. Les peuples ne la connaissent pas mieux que les particuliers : et si ce que Madame de Staël dit des Allemands est exact, nous devons porter envie à leur sagesse, qui leur fait sentir le prix de leur position. « L'indépendance est un bien, la liberté

« une garantie, et précisément, parceque personne « n'était froissé en Allemagne dans ses droits, ni « dans ses jouissances, on ne sentait pas le be- « soin d'un ordre de choses qui maintînt ce bon- « heur. On ne croyait donc pas avoir besoin de « fortifications constitutionnelles, quand on ne « voyait point d'agresseurs (1). »

Les Français de nos jours ne sont pas à beaucoup près aussi confians. Ce n'est pas l'indépendance acquise qui les occupe, c'est un désir vague de l'augmenter, ou d'en accroître la garantie. Je ne parle que de ceux qui sont de bonne foi : pour les autres, je ne connais aucun moyen de les satisfaire. Je dirai donc aux premiers : la liberté, sans contredit, n'est autre chose que la certitude de jouir de toute l'indépendance qui ne porte aucune atteinte à celle d'autrui. Quelque portés que vous puissiez être à la méfiance, quelqu'étendues que puissent être les garanties que vous désirez, je ne doute nullement de la modération avec laquelle vous en userez, parce que vous êtes des gens de bien. Mais en les réclamant pour vous,

(1) *De l'Allemagne.*

tous vos compatriotes y ont les mêmes droits. Les croyez-vous tous également désintéressés, incapables d'en abuser, et de cacher des vues d'ambition ou de licence, sous le voile d'un ardent patriotisme? Trouveriez-vous bon que, sous le prétexte de la défense personnelle, le port d'armes fût permis indistinctement à tout le monde? Sans parler mêmes de garanties nécessaires à la royauté, qui, comme tout ce qui est utile, a droit à ce qu'il lui en soit accordé pour sa conservation, il est donc vrai de dire que la surabondance est aussi nuisible que le défaut de liberté, au maintien de l'indépendance individuelle.

En effet, quel est le but de toutes les institutions? Elles ne peuvent en avoir d'autre que celui d'entretenir de bonnes mœurs. Tant que celles-ci ne seront pas en rapport avec la raison souveraine, un état pourra prospérer momentanément, mais il manquera de ce qui est la base essentielle de sa stabilité, je veux dire de cet esprit juste et sage, qui fait subordonner les affections personnelles à l'intérêt général, et qui ne peut se maintenir que par une contrainte salutaire imposée par l'autorité. Et je compte ici pour bien peu de chose la distinction qu'on veut établir entre les vertus publiques ou privées. Les unes vont rarement sans les autres. A l'époque où les Romains portaient au plus haut degré l'amour de la patrie, ils étaient également cités pour leur fidélité scrupuleuse à garder leurs sermens. Plus tard, lorsque du temps de Cicéron deux augures ne pouvaient plus se regarder sans rire, toute leur philosophie, toutes leurs lumières furent impuissantes contre l'invasion du despotisme. César fut assassiné, la tyrannie lui survécut ; elle seule put prolonger l'agonie de ce colosse expirant.

Avec de bonnes mœurs au contraire un gouvernement vicieux, s'il est repoussé par une opinion sage, fera de vains efforts pour persévérer dans une route nuisible au bien public. La constitution inexécutable de 1791 laissait au monarque pour unique moyen de défense, un veto, qui ne pouvait manquer de tourner contre lui, par l'impossibilité où on l'avait mis d'en faire usage. Entre les mains d'un peuple qui prend la vertu pour guide, ce même veto n'a pas toujours besoin d'être reconnu par une loi positive. Souvent même son action est d'autant plus utile, qu'elle est inaperçue. J'aime beaucoup *la liberté* comme *garantie* d'une *indépendance* raisonnable. Ce n'est pas elle dont je me méfie, mais bien de ceux qui veulent l'exploiter à leur profit. Je la réclamerai toujours, tant que je verrai les bonnes mœurs favorisées par elle, et lui servant de base, sans ostentation et sans hypocrisie.

L'observation des mœurs publiques est donc la première et la plus difficile de toutes les études pour celui que ses goûts ou sa position portent à s'occuper de législation. Par elle il comprendra pourquoi les mêmes institutions, ou si l'on veut les mêmes degrés de liberté ne conviennent pas à un peuple plus ou moins avancé dans la civilisation agricole ou commerçante, frivole ou réfléchie. Ces distinctions se multiplient à l'infini, d'après les antécédens et les élémens de la société, dont il faut tenir compte, puisque ce sont eux qui ont donné naissance aux sentimens dont se compose l'opinion publique. Faute de les connaître, on prend des déclamations désintéressées pour l'expression de la volonté générale ; on voit des ressemblances dans ce qui n'a qu'une apparente analogie, et pour s'éviter l'aveu d'une erreur, on est entraîné de conséquences en conséquences bien au-delà de ce qu'on s'était proposé d'abord. La perfection, qui se trouve si facilement au bout de la plume d'un écrivain systématique, il est injuste de l'exiger d'un gouvernement dont l'action se réduit à faire usage de principes mobiles et contradictoires, tels que les sentimens divergens de quelques millions d'individus.

On a répété jusqu'à satiété que le genre humain n'appartenait pas à une centaine d'hommes. Eh! qui est-ce qui en doute : mais si cette centaine d'hommes appartient au genre humain, c'est à titre de chefs, de roi, de gouvernans. Or ces divers titres prouvent que les peuples ont besoin d'être gouvernés, et par conséquent d'obéir; car il n'y a point de gouvernement sans obéissance : c'est donc dans un sentiment d'ordre et de subordination, qu'il importe à la multitude elle-même de trouver un frein à ses propres passions, afin que celui de la crainte ne soit pas le seul auquel elle obéisse. La liberté n'est que de la servitude, là où les moyens de réprimer la licence ne sont pas aussi puissans que ceux employés pour prévenir la tyrannie.

CHAPITRE IX.

Civilisation.

Pour compléter ce travail, il faudrait examiner jusqu'à quel point ces hypothèses se trouvent confirmées par les événemens historiques. Mais je ne me dissimule pas combien cette carrière est au-dessus de mes forces, et je me contenterai de jeter un coup d'œil sur la marche de la civilisation en général.

Le raisonnement est un art dans lequel on ne devient habile que par de longues épreuves souvent infructueuses. Les animaux, dont la destinée est toute matérielle, acquièrent promptement les connaissances dont la nature leur fait un besoin, et ne vont pas au-delà. Les enfans au contraire, dont l'intelligence n'a point de limites positives, ont besoin d'un temps indéterminé pour s'instruire. L'homme le plus savant est celui qui sent le mieux son ignorance, et la vie la plus longue est toujours trop courte, pour nous permettre d'atteindre les bornes de cet horizon, qui reculant toujours devant nous, cache à nos yeux une immensité de mystères impénétrables.

Cependant la transmission des idées d'une génération à l'autre occasione, dit-on, un développement de connaissances qui semble ne point avoir de terme, et cette masse toujours croissante reçoit de l'expérience et de l'observation un degré de certitude auquel l'invention de l'imprimerie promet une durée indéfinie.

D'abord nous avons ici une grande distinction à faire. Les sciences proprement dites n'étant que l'application des lois de la nature à ce qui peut augmenter le bien-être des individus, les erreurs des savans ne font que retarder la marche de l'esprit humain. Les découvertes arriveront plus tard, sans que personne, en attendant, soit troublé dans les jouissances acquises, ni puisse regretter celles qui lui sont inconnues. Il n'en est pas de même des idées morales ou politiques. Ne se rapportant pas uniquement à l'individu qui les conçoit, elles lui donnent le désir de changer ses relations sociales, et par suite du penchant si naturel à l'homme, de faire prévaloir ses passions, de les propager, ou de tirer parti de celles des autres, elles agissent sur l'ensemble de la société, au point de dénaturer tous les rapports qui lient entre elles ses diverses parties. C'est ici que l'erreur est vraiment funeste. L'amour-propre l'étend et la consolide, et par cela même que les lois du monde intellectuel sont immuables, les conséquences produites par les fausses interprétations de ceux qui les connaissent mal, sont inévitablement désastreuses. Il n'est pas ici question d'une existence plus ou moins douce, il s'agit du repos, de la vie des hommes, de leur moralité.

Celle-ci, sur laquelle repose la seule prospérité durable des individus, comme des peuples, n'est, ainsi que nous l'avons dit, que la conformité des sentimens avec les préceptes de la raison souveraine. Les enfans, bien long-temps avant d'être en âge d'y donner leur assentiment, sont forcés par leurs parens d'y conformer leurs actions. Les sauvages également, qui ne se piquent pas de raisonner, obéissent à un chef, sans s'embarrasser des moyens qu'il prend pour faire leur entreprise, ni des nouvelles combinaisons qui en seront la suite. Mais après la victoire chacun pense à s'assurer la jouissance exclusive de la portion qu'il vient d'acquérir, il veut la transmettre à ses enfans, et la crainte de tout perdre lui en fera sacrifier une partie, pour mettre le reste sous la protection d'un plus puissant que lui. Dès-lors ses intérêts commencent à se séparer de ceux de la communauté, et comme le raisonnement tend toujours à favoriser le sentiment qui domine en nous, il aura de la peine à se convaincre d'avance de l'avantage qui doit résulter pour lui des sacrifices qu'il est obligé de faire au corps social dont il fait partie. Il faudra qu'il y soit contraint par le despotisme, qu'il souffre des excès de l'anarchie, qu'il passe par une foule d'épreuves, dont l'ensemble sera flétri par les générations suivantes du nom de barbarie, et qui ne sont que les tâtonnemens d'un peuple qui cherche les bases de sa civilisation.

Cette première époque ne nous présente que des hommes uniquement occupés des moyens de pourvoir à leur subsistance, ou de se mettre en garde contre l'agression de leurs voisins, aussi barbares qu'eux. La bravoure seule est honorée. Rien de ce qui flatte en temps de paix la mollesse ou la vanité, ne pouvant exciter en eux aucune émulation, comment auraient-ils la moindre idée de cette politesse de mœurs, dont on ne trouve de traces dans l'antiquité que chez un petit nombre de peuples, et dans des temps très éloignés les uns des autres? Cependant tout ce qui met une nation en contact avec une autre plus civilisée, la guerre même, ainsi qu'aux temps des croisades, peut bien faire naître en elle la pensée de sortir des ténèbres de la barbarie. Mais pour la réaliser, l'aisance et la paix sont deux conditions indispen-pensables. Par conséquent les classes riches et indépendantes ont dû les premières apprécier les jouissances de l'esprit, la culture des arts, et cet échange de procédés, témoignage d'une bienveillance au moins apparente, qui fait le charme de la vie privée.

Sans doute les premiers essais qui en furent faits dans les premiers manoirs féodaux, pour remplir les intervalles d'une guerre sans cesse renaissante, furent loin d'égaler ce qui se passe de nos jours dans les société de nos plus petites villes. Sans doute ces fiers barons, placés trop au-dessus de tout ce qui les entourait, pour croire que des êtres aussi subalternes pussent contribuer à leur agrément, autrement que par une obéissance servile, firent trop souvent peser sur eux un joug auquel l'esclavage des cerfs et l'abjection des vassaux ne permettraient pas de penser qu'il y eût jamais pour eux possibilité de se soustraire. Ce fut néanmoins dans l'intérieur de leurs familles, que prirent naissance les premiers germes de la civilisation européenne. S'ils ne cultivèrent pas eux-mêmes les lettres, ils les protégèrent dans la personne des troubadours, des pèlerins, des voyageurs de toute espèce qui, admis dans leurs salles hospitalières, cherchaient à s'y rendre agréables, par ces délassemens de l'esprit, dont ils allaient ensuite répandre le goût dans les villes, où le bruit des armes n'avait été momentanément interrompu que par l'activité des spéculations commerciales.

A la faveur des trèves fréquentes et prolongées que le clergé s'efforçait d'imposer au nom d'un Dieu de paix, les guerriers se dépouillèrent insensiblement de leur férocité habituelle, et sentirent qu'il y avait plus de véritable gloire à protéger les faibles qu'à les opprimer. Tel fut le sentiment qui dicta les nobles lois de la chevalerie. L'établissement des ordres religieux eut de plus le double avantage d'accroître l'aisance générale par le perfectionnement de l'agriculture, et de contribuer aux progrès de la science par la facilité qu'y trouvèrent des gens graves et studieux, de se livrer à l'étude dans une parfaite sécurité pour leur avenir. Plus ces bienfaits furent mis à la portée de la classe moyenne, plus les commodités de la vie se multiplièrent à l'aide du commerce, plus il y eut d'aménité dans les mœurs, et de douceurs dans les relations sociales.

Ce fut dans le cours de cette seconde époque, que le génie, n'ayant pas à sa disposition un assez grand nombre de connaissances acquises sur lesquelles il pût s'exercer avec fruit, se livra à une érudition crédule, à des conjectures, à des systèmes. Mais lorsqu'enfin le goût épuré par des tentatives infructueuses, et le raisonnement éclairé par l'abus des hypothèses erronées, dont il reconnut la fausseté, eurent fixé les règles de ce qui est essentiellement bon, lorsque surtout les mœurs eurent acquis par l'éducation et l'habitude, toute la perfection dont les circonstances accessoires les rendaient susceptibles, alors on put dire de l'être social, qu'il avait atteint l'âge de la maturité.

Cependant un état stationnaire est, on peut le dire, incompatible avec la nature humaine. L'être qui cesse de croître, commence à déchoir. L'âge mûr n'est séparé du commencement de la vieillesse que par une nuance imperceptible, et même dans les productions de l'esprit, le témoignage irrécusable de l'histoire nous montre les plus beaux siècles de la littérature, remplacés assez brusquement par ceux de l'affectation et du mauvais goût. Les sciences seules semblent échapper quelque temps à cette fatalité.

Pris individuellement, l'homme peut tirer parti de ses erreurs, imposer silence à ses passions, lorsque l'âge commence à les amortir, ou que le raisonnement lui en a fait sentir l'aveuglement et le danger; mais pour une nation, cette victoire du raisonnement sur les affections, trouve un obstacle insurmontable dans le renouvellement successif de ses membres, qui tous éprouvent un besoin sans cesse renaissant de céder à leur penchant et de les faire prévaloir. Les premiers ont pu, sans de graves inconvéniens, donner carrière à leur imagination, et créer de vagues théories, aussi long-temps que les écarts de leur esprit ont été réprimés par un respect religieux pour des devoirs de subordination, dont il ne leur venait pas dans la pensée de révoquer en doute l'indispensabilité. Quant à leurs successeurs, cette ardeur de tout analyser, pour n'admettre que ce qu'on croit connaître parfaitement, ce penchant orgueilleux à dénigrer le passé, pour se rendre indépendant dans le présent et disposer de l'avenir, tout les porte, pour peu que leur amour-propre y trouve son compte, à prendre pour positif ce qui n'est que conjectural : et c'est par là que leur marche, progressive en apparence, est en réalité rétrograde et destructive.

Je cherche vainement dans l'histoire quelqu'exemple « de cette innocence de la vieillesse « des peuples, qui selon M. de Châteaubriand, « est la vraie philosophie, lorsqu'ils ont cessé « d'avoir des vertus par instinct, et qu'ils n'en « ont plus que par raison. Cette seconde inno- « cence, dit-il, est moins sûre que la première, « mais lorsqu'on y peut atteindre, elle est plus

« sublime. (1) » De semblables flatteries prodiguées au peuple ne leur sont-elles pas mille fois plus nuisibles que celles qui, quelquefois au moins, ont servi de voile à la vérité pour la faire parvenir jusqu'aux rois. Ah! ne comptons pas sur des raisonnemens ingénieux pour fonder un bon esprit public. Ce sont de bons sentimens qu'il nous faut. Ce n'est pas en nous entretenant de nos droits, qu'on nous pénétrera de nos devoirs.

Aussi long-temps que la marche de la civilisation est progressive, nous voyons le sentiment agir seul sur les masses, et le raisonnement devenir l'apanage des chefs, qu'on est porté naturellement à croire doués de lumières supérieures. A la vérité ce partage des facultés intellectuelles, pris dans un sens absolu, engendre des abus partiels, dont pourtant il est vrai de dire que les particuliers ont d'autant moins à souffrir qu'ils se tiennent plus éloignés de toute participation au pouvoir. Mais il a l'avantage incontestable de donner plus de force et d'ensemble au corps social, par le préjugé de subordination qu'il imprime à toutes

(1) *Génie du christianisme.*

les classes. Plus tard, par inquiétude d'esprit, ou par vanité, la raison individuelle prendra le dessus, et des inconvéniens bien plus graves ne tarderont pas à se manifester.

Alors les esprits raisonneurs se déclareront les défenseurs d'une foule d'intérêts privés, qui par leur opposition avec l'intérêt général, tendront à faire tomber dans le mépris des obligations qui ne seront plus vivement senties. Ils usurperont les droits du gouvernement, qui doit juger les choses dans leur ensemble ; et dans l'impossibilité de se placer à un point de vue aussi élevé, ils rabaisseront tout à leur niveau, pour en faire l'instrument de leur vue personnelle. Avec la prétention de remonter à des principes, que souvent ils auront créés eux-mêmes, ils s'empareront de toutes les questions, et tout ce qui les gênera, jusqu'à l'intervention des lois divines, ils le nommeront préjugé (1) ; ils voudront faire croire ou se persuader à eux-mêmes, que l'amour du genre hu-

(1) *Lett. champ.* t. x, p. 213. — « S'il fallait qu'avant de « recevoir une pièce de monnaie, chacun la soumît à son ana- « lyse, pour en vérifier le titre, toutes les transactions socia-

main est la passion qui les entraîne. Or, à moins d'une vertu surnaturelle, que la religion seule peut donner, et qui s'annonce d'une manière moins présomptueuse, la sagesse humaine ne peut aller jusque-là, parce qu'il est plus facile de signaler des imperfections, que d'en indiquer le remède, ou d'apercevoir les rapports qui les atténuent les unes par les autres. On ébranlera les colonnes de l'édifice, on déplacera ce que le temps avait cimenté, et puis avec des matériaux mal assortis, on s'étonnera de ne rien construire de durable.

En même temps le sentiment de dévouement à la chose publique s'affaiblira en proportion de la nouveauté des institutions auxquelles un homme sage ne s'attache qu'autant qu'une expérience plus ou moins longue lui fait apercevoir en elles quelques gages de sécurité. Le raisonnement

« les seraient suspendues. S'il fallait que chacun, avant d'ad-
« mettre une de ces idées généralement reconnues, la soumît
« à l'analyse de sa propre raison, pour en déterminer réci-
« proquement le degré de certitude, il n'y aurait plus de so-
« ciété. »

favorable aux ambitions personnelles envahira tout : enfin, je ne crains pas d'affirmer que les effets de la civilisation sur l'esprit public sont les mêmes que ceux que la chaleur produit sur les végétaux; après les avoir fait croître et mûrir, elle les dessèche. Quelle ressource reste-t-il alors à la société? peut-être l'anarchie d'abord, plus tard et inévitablement le despotisme.

« Les croyances, lorsqu'elles ne sont plus ré-
« vérées, deviennent importunes par les sacrifi-
« ces ou les vertus qu'elles commandent. Les
« idées n'imposent pas d'aussi pressans devoirs;
« elles éclairent sans retenir. Rarement elles pas-
« sent dans les actions, parce qu'elles ne sortent
« pas de la conscience. Le sophisme les dénature,
« la violence les falsifie. On les voit céder
« quelquefois si honteusement et si vite, qu'on
« s'effraie de la faiblesse morale d'un peuple qui
« n'aurait que des idées. L'ordre politique se com-
« pose aussi de croyances, si l'on peut donner ce
« nom à toutes les opinions formées par le temps
« et l'habitude. Le clergé, la noblesse étaient des
« croyances que Montesquieu dans sa jeunesse

« attaqua par des plaisanteries, et que plus tard il « défendit par le raisonnement (1). »

C'était une idée semblable qu'exprimait J.-J. Rousseau, lorsqu'il disait à Bernardin de St.-Pierre : « Quand l'homme commence à raison- « ner, il cesse de sentir. » Ces deux facultés ne marchent bien ensemble, qu'autant que chacune d'elles se borne au rôle qui lui est assigné par une puissance supérieure à tous les systèmes. Si le sentiment prédomine chez un peuple, peut-être trouvera-t-on dans ses mœurs plus ou moins de cette férocité, qui est un défaut du cœur privé du secours de la réflexion. Mais toujours on aura la certitude que cette férocité finira par céder à quelqu'autorité capable de réunir toutes les volontés. Si c'est au contraire le raisonnement qui le dirige, et qu'en même temps il ne tienne à son gouvernement, ni par habitude, ni par préjugés, il sera nécessairement égaré par les passions individuelles, et ne pourra manquer de devenir victime de la perversité, qui est le vice de l'esprit.

(1) *Eloge de Montesquieu*, par M. Villemain.

Aussi dans tous les temps a-t-on donné le nom de corruption à l'état d'une nation parvenue au dernier degré de la civilisation ; et je pense que c'est pour cela qu'il n'en est aucune qui se soit élevée deux fois à ce brillant apogée. La raison, faite pour éclairer le cœur, n'est qu'une clarté trompeuse, lorsque le jugement est faussé par des affections erronées. A plus forte raison un peuple abruti par le despotisme, ou égaré par des idées irréfléchies d'indépendance, est-il incapable de supporter des institutions analogues à sa position, par la raison qu'elles ne peuvent être utiles que par les sacrifices qu'elles lui imposent.

Je finis par la citation des conseils donnés vingt ans avant la révolution, par M. Poivre, intendant de l'île de France, à Bernardin de St.-Pierre. « Pour établir un gouvernement parfait, il faut « supposer une réunion d'hommes parfaits, pénétrés de la même ardeur pour le bien, et surtout « de la volonté d'être heureux par les mêmes « moyens. C'est ce premier élément que la so« ciété ne peut donner. Si ce peuple existait, que « lui apprendriez-vous? Sans doute à cesser d'ê-

« tre sage. Il faut donc prendre la société telle
« qu'elle est aujourd'hui, avec sa corruption, ses
« préjugés et son esprit d'indépendance. Ce sont
« des tigres dont il s'agit de faire des hommes.
« Quels charmes allez-vous employer? si vous
« parlez religion, vous serez repoussé comme un
« être faible et superstitieux; si vous mettez votre
« appui dans les lois, tout le monde voudra les
« faire, personne ne voudra les suivre; on vous
« permettra de vanter la morale, c'est un mot.
« Dieu aussi est un mot, vous le prononcerez,
« voilà tout.

« Il y a dans les esprits une grande confusion
« d'idées et de principes, on parle de la révolte
« comme d'un devoir, de la liberté comme d'une
« forme de gouvernement, de l'égalité comme
« d'un acte de justice. La société est menacée d'un
« bouleversement. Bientôt il n'y aura plus de peu-
« ple, ou pour mieux dire, le peuple se fera sou-
« verain, et, où les passions de la multitude com-
« mandent, le roi meurt ou obéit.... Lorsque les
« méchans ont assez de crédit pour s'emparer du
« pouvoir, c'est que le peuple lui-même est mé-
« chant, et dans ce cas, n'espérez rien de votre

« sagesse. Qu'aurait pu faire Caton entre Sylla et
« Marius? S'il y a peu d'hommes en état de dire
« la vérité, croyez-vous qu'il y en ait beaucoup
« qui soient disposés à l'entendre? et quant à ce
« beau mot, dont se couvre l'ambition, que l'hon-
« nête homme se doit au public, je ne vous de-
« mande que de contempler un moment ceux qui
« le prononcent. C'est aux actions à nous répondre
« des paroles (1). »

(1) *Œuvres complètes de Bernardin de Saint-Pierre.*

DEUXIÈME PARTIE.

RÉVOLUTION FRANÇAISE.

L'introduction à l'histoire de Charles Quint par Robertson, commence par ces mots : « On connaît « deux grandes révolutions qui se sont faites « dans l'état politique et dans les mœurs des na-« tions européennes, la première fut occasionée « par les progrès de la puissance romaine, la se-« conde par la destruction de cette même puis-« sance. »

Je crains bien que nos petits-neveux n'en comptent une troisième qu'ils feront dater de l'époque à laquelle nous vivons. Ils en rechercheront les causes, comme Robertson l'a fait pour les deux premières, sur lesquelles nous allons jeter un coup d'œil. Peut-être cela servira-t-il à découvrir celle dont les effets seront d'une si grande importance pour la génération qui va nous remplacer. « Ce « fut la supériorité de la discipline, et non celle « du courage qui donna l'avantage aux Ro- « mains (1). » Mais cette supériorité qu'ils devaient à une civilisation plus avancée, pourquoi ne leur donna-t-elle pas le même avantage, lorsqu'à leur tour ils se virent attaqués par des peuples qui, dans les forêts de la Germanie, n'avaient certainement pu faire aucun progrès dans l'art militaire? C'est que chez eux le principe de tous les rapports sociaux avait changé de nature. L'amour de la patrie et de la liberté, ce sentiment le plus actif de tous et le plus noble lorsqu'il est pur, lorsqu'il ne sert pas de voile à la cupidité, ne pouvait plus être compté pour rien, depuis que son nom avait été avili par les proscriptions, qui se succédèrent sans relâche depuis Marius jusqu'au règne d'Auguste : et remarquez que, du moment où les citoyens eurent tourné leurs armes les uns contre les autres, toute voie d'agrandissement leur fut fermée. La guerre des Gaules seule

(1) *Introduct. à l'Hist. de Charles-Quint.*

fait exception, en ce qu'elle a fourni à César les moyens d'asservir sa patrie.

« La république romaine avait conquis le « monde par la sagesse de ses maximes de gou-« vernement, et par la sévérité de sa discipline « militaire. Sous le règne des empereurs les an-« ciennes maximes furent négligées ou mépri-« sées, et la discipline se relâcha par degrés (1). » Cela pouvait-il être autrement, lorsque des légions séduites pas la renommée du général qui les avaient conduites à la victoire s'associaient à sa fortune, et ne connaissaient plus aucun devoir que celui du dévouement à sa personne? Deux concurrens, égaux en crédit et en richesses, répandant des largesses pour acquérir de la popularité, pouvaient-ils imposer une discipline sévère à des soldats qui les avaient placés sur le trône, et qui pouvaient les en faire descendre, en passant dans les rangs de leurs compétiteurs? L'auteur rapporte encore d'autres circonstances, qui ont contribué à la chute de l'empire romain. Toutes ont pris également leur source dans l'altération

(1) *Idem.*

des mœurs primitives. Chaque espèce de gouvernement repose sur une base particulière, dont elle ne peut s'écarter sans pencher vers sa ruine. Pour une république, c'est le désintéressement, la frugalité. Aussi long-temps que les relations de Rome avec des voisins pauvres lui en firent une nécessité, elle fut heureuse et puissante. Mais lorsque d'immenses conquêtes eurent rendu la tentation trop forte, la corruption pénétra de toute part, tous les liens sociaux se relâchèrent. C'est une de ces vérités devenues triviales, que je ne rapporte ici, que pour en faire un objet de comparaison avec un autre ordre de choses, qui présente des symptômes, non pas identiques, mais semblables.

« A l'avénement de Hugues Capet au trône, « dit le président Hénault au commencement de « ses remarques sur la troisième race, nos rois « avaient beaucoup à faire pour regagner l'au- « torité royale, qui était presque anéantie. Le « royaume de France se gouvernait comme un « grand fief, plutôt que comme une monarchie. » Il a fallu six siècles pour opérer cet abaissement des grands vassaux, dont on a fait honneur au génie du cardinal de Richelieu, parce qu'il est arrivé au moment marqué pour compléter et recueillir le fruit de la victoire. Telle est la marche que devraient suivre les révolutions, pour ne pas amener des bouleversemens auxquels sont mille fois préférables les maux qu'elles se prétendent appelées à guérir. Dès ce moment la royauté n'ayant point de rivaux, n'eut plus à redouter qu'elle-même, c'est-à-dire la tentation d'abuser de son pouvoir. Les troubles qui s'élevèrent pendant la régence d'Anne d'Autriche ressemblèrent à des intrigues de cour, plus qu'à des complots organisés par des factieux. L'envie, qui s'offense de toute espèce de supériorité, partait de trop bas pour menacer le trône. Les grands humiliés n'eurent plus d'autre intérêt que la conservation de l'éclat de la couronne, dont une partie rejaillissait sur eux. L'influence du parlement de Paris ne s'étendait guère dans les provinces. Enfin il ne fallut qu'un petit nombre d'années, pour que la gloire militaire, la magnificence de la cour, l'encouragement donné aux sciences et aux arts par le grand roi, fissent prendre aux esprits une nouvelle direction. La culture des lettres, le perfectionnement du goût, la politesse des manières introduisirent dans la société des agrémens inconnus jusqu'à ce jour, et sans amollir les ames firent connaître des jouissances, dont personne n'avait pu se faire une idée pendant le cours des guerres civiles, religieuses ou féodales.

Malheureusement chaque chose a son terme, et lorsqu'il est atteint, tout ce que l'on peut désirer, c'est que la décadence ne soit pas assez rapide pour entraîner de grands désastres. Ce point culminant, s'il m'est permis de me servir d'une pareille expression, paraît devoir être fixé pour la monarchie française à la dernière année du 17° siècle. La guerre de la succession d'Espagne, quoique glorieuse dans ses résultats, fut accompagnée de revers, qui portèrent atteinte aux prestiges dont était entouré le nom de Louis XIV. Les Français firent une réflexion, dont l'application aurait été bien plus juste cent ans plus tard. Ils pensèrent que la gloire acquise au prix de tant de sang était payée trop cher. Ils furent ingrats envers celui qui les avait placés au premier rang des nations, et cela dans le moment où il venait de terminer la guerre la plus juste.

Mais cet affaiblissement de leur respect pour sa personne ne s'étendit pas jusqu'à celui qu'ils portaient à son autorité; ils continuèrent à la regarder comme le centre auquel devaient se rattacher toutes leurs espérances d'ordre et de tranquillité. L'enthousiasme que la maladie de Louis XV à Metz fit éclater, en est la preuve. Combien il est à regretter que les exemples licencieux donnés par le régent, et qui souillèrent la dernière partie de la vie d'un roi faible et voluptueux, aient trouvé autant d'imitateurs dans toutes les classes. Aucune d'elles néanmoins ne se crut un seul instant affranchie des liens de la subordination ; le libertinage paraissait être le seul genre d'indépendance ambitionné pour imiter les manières de la cour. Ce fut un coup mortel porté aux principes religieux, première base de toute société, et telle fut la cause de l'impuissance dans laquelle celle-ci se trouva de résister aux attaques réunies de l'envie, de l'ambition et de la cupidité.

Je suis loin néanmoins de penser que des motifs aussi vils aient influencé la conduite de tous ceux qui ont à se reprocher d'avoir provoqué la ruine de nos anciennes institutions. C'est bien assez pour eux de s'être laissés égarer par cette philosophie imprudente qui, s'élevant au-dessus de toutes les entraves mises au débordement des passions individuelles par la religion, l'esprit de corps, le respect pour d'anciennes coutumes, voulut que l'esprit de l'homme ne consultât dorénavant que ses propres lumières, ou pour mieux dire, ses passions et son orgueil. Cependant il est vrai qu'en déployant un zèle ardent pour la réforme, ils ne poussèrent pas la modestie au point de ne compter pour rien la gloire qui devait leur en revenir. Il n'en fallait pas davantage pour leur faire regarder comme des réalités toutes les chimères dont se repaissaient leur amour-propre. Or il était évident que ces sublimes changemens ne pouvaient s'opérer, sans commencer par jeter de la défaveur sur tous ceux à qui leur position sociale faisait un devoir d'y mettre obstacle. Ceux-ci de leur côté, non moins aveugles que leurs adversaires, s'endormaient sur le bord de l'abîme, ne regardant pas comme possible qu'un petit nombre d'années suffît pour détruire l'ouvrage de plusieurs siècles. Ainsi les uns travaillaient avec d'autant plus de sécurité, que les fausses idées de tolérance des autres semblaient les y encourager par la nullité de leur résistance (1).

Le mauvais état des finances est regardé généralement comme la principale cause de la révolution. Il serait plus exact de dire que ce fut là le point vers lequel les novateurs dirigèrent leurs premières attaques, comme étant le côté le plus faible de la place qu'ils voulaient emporter. D'ailleurs, le désir du changement était dans toutes les têtes, et cette fièvre nerveuse était d'autant plus dangereuse, qu'elle poussait tout le monde en avant, sans plans, sans aucune connaissance du cœur humain, qu'on se plaisait à croire exempt de tous vices, et n'attendant que le moment de son émancipation, pour se livrer à la pratique de tou-

(1) Je ne connais rien qui caractérise aussi bien l'esprit de vertige qui s'empara de toutes les têtes, que ces paroles de M. Després-Ménils, l'homme qui fut toujours de la meilleure foi dans ses erreurs comme dans son repentir (*Mémoires de M. le C. de Montlosier*, t. 1er, p. 253). « Et moi aussi, disait-il « au mois de septembre 1789, j'ai eu confiance au peuple, je « me suis bien trompé. Le roi que je maudissais est un ange, « le peuple que j'invoquais est une furie. Au surplus, rassu- « rez-vous, tout ceci finira par un arrêt du parlement. »

tes les vertus. Il en fut de la politique comme il en avait été de la poésie, dans le temps où les règles d'une saine littérature n'étaient pas encore fixées. L'imagination s'en empara, et la multitude se passionna pour ses œuvres, par l'unique raison qu'elles étaient hardies et brillantes dans leurs écarts. On commença à se lasser de la recherche des choses futiles, dont peut-être on s'était trop exclusivement occupé, depuis que l'autorité royale n'éprouvait plus au dedans aucune contradiction, et que le traité d'Aix-la-Chapelle nous avait affranchis de toute inquiétude au dehors. C'était le sommeil de la mollesse; pouvait-on prévoir que le réveil serait celui de la férocité (1)?

L'inhabileté de quelques-uns des généraux aux-

(1) Cette tendance rétrograde se fit remarquer jusque dans les arts d'agrément. Les auteurs dramatiques, désespérant d'atteindre à la hauteur de leurs maîtres, aimèrent mieux ouvrir des routes inconnues, dans lesquelles ils pourraient impunément substituer des règles nouvelles à celles dont l'observation leur était importune. En peinture, on eut à reprocher à l'école française de la mollesse et de l'affectation. Je n'en excepte que la musique, qui avait alors trop de progrès à faire pour qu'il lui fût permis de s'égarer.

quels fut confiée la conduite de la guerre de sept ans, et dont le choix fut imputé à la favorite, firent craindre un moment que la gloire militaire de la France ne fût évanouie. Les changemens introduits dans la tactique par Frédéric-le-Grand, causèrent une telle admiration, que peu d'années avant la révolution, j'ai vu des militaires pleins d'honneur, persuadés que si nous entrions en guerre avec la Prusse, la première campagne nous serait défavorable. Les manœuvres de Postdam devinrent à la mode; on en rapporta jusqu'aux coups de plat de sabre. Ce fut le règne de ceux qu'on appelait les faiseurs, qui par les essais d'une nouvelle discipline, portèrent la division et le mécontentement dans l'armée. Nos succès en Amérique ne nous inspirèrent pas un grand orgueil, parce que ce n'était pas sous le rapport de l'art militaire que nous nous croyions inférieurs aux Anglais. Mais en revanche, leurs institutions nous parurent sublimes, et sans nous donner la peine d'examiner si elles étaient en harmonie avec les élémens de notre orde social, ou plutôt, par cela même qu'elles étaient en contradiction avec eux, nous en tirâmes la conclusion que jusqu'à ce moment nous avions vécu sous le joug du despotisme et de la superstition.

L'amour de la nouveauté nous a rendus de tout temps imitateurs. Sous le règne de la seconde branche des Valois, la supériorité des lumières, dont l'aurore luisait sur l'Italie, peut-être plus encore le goût des plaisirs encouragé par Catherine de Médicis, nous soumirent à l'empire des modes, et en partie des mœurs italiennes. Dans le siècle suivant, l'influence de l'Espagne se fit sentir par suite des deux alliances contractées avec la maison d'Autriche. Enfin, fatigués apparemment de donner l'exemple de la dissipation et des désordres que la cour du régent avait accrédités, les Français eurent l'air de se flatter qu'un extérieur grave ferait croire à un changement réel opéré dans leurs esprits, et les manières anglaises prévalurent. Ils n'en prirent d'abord que le ridicule, heureux si cette manie d'imitation ne s'était portée que sur des choses futiles! Une admiration de commande pour des institutions, dont aucun germe n'existait parmi nous, nous fit concevoir la singulière prétention de démentir la réputation dont nous jouissions en Europe, d'en être le peuple le plus gai, et par conséquent le plus heureux; car le malheur et la gaîté ne vont pas long-temps ensemble. Une fois embarqués dans une fausse route si opposée à notre caractère, des secours imprudemment donnés à une république naissante, augmentèrent notre aveuglement au point que nous voulûmes nous imposer, à nous parvenus au dernier degré de la civilisation, des lois semblables à celles d'un pays qui n'est soumis à l'impression d'aucun souvenir, et qui par son étendue, hors de proportion avec le nombre de ses habitans, laisse un champ libre à toutes les industries. Mais comme c'est principalement en Angleterre que nous avons été puiser ces nouvelles idées, il importe d'examiner combien il y a peu de ressemblance, pour les rapports sociaux, entre cette nation et la nôtre. Qu'on me permette cette disgression.

Au milieu des écarts inséparables d'un ordre de choses qui met en contact et par conséquent en rivalité tous les intérêts, toutes les opinions, toutes les prétentions, on remarque dans le caractère des Anglais un attachement qui va jusqu'à la vénération pour leurs institutions et leurs anciens usages.

Une étiquette minutieuse a conservé dans les formes de la société, la distinction des rangs et la prééminence des titres, quelque nulles d'ailleurs que l'une et l'autre soient aux yeux de la loi. L'imperfection reconnue de leur jurisprudence ne se perpétue qu'à la faveur du respect qu'imprime son antiquité. Cette constitution même, dont ils sont si fiers, doit en partie sa considération à la persuasion généralement répandue, qu'elle remonte au berceau de la monarchie, et que les modifications qu'elle a subies, n'ont été que le développement des principes qui ont présidé à sa naissance. Tel a été constamment le prétexte ou le motif des prétentions des partis les plus opposés : à l'exception pourtant du long parlement, qui, non moins fanatique que factieux, envahit tous les pouvoirs, et par l'anéantissement de la pairie, parvint facilement au renversement du trône.

Cependant un sentiment quelconque ne peut se perpétuer long-temps, qu'autant qu'il est encouragé par des institutions analogues, ou constamment secondé par le concours des circonstances. Ces deux causes se sont réunies en Angleterre, pour la préserver de l'instabilité démocratique, et consolider son aristocratie. Lorsque, secouant le joug imposé par Guillaume le Conquérant, les barons réunis dictèrent des lois à ses faibles successeurs, la population tout entière qu'ils eurent la sagesse de faire participer aux fruits de leur victoire, fut entraînée par cela-même à faire cause commune avec eux. Mais en appuyant ainsi leur pouvoir sur l'assentiment général, ils se gardèrent bien d'en abandonner la direction. Il faudrait des connaissances plus étendues que les miennes pour bien juger de tous les ressorts qui font mouvoir cette grande machine constitutionnelle, ainsi que des liens qui attachent au trône et à la pairie une chambre élective, composée de manière à ce que la majorité ne soit jamais tentée de manifester une indépendance désorganisatrice. On compte parmi les moyens d'influence des pairs, 1° leurs richesses territoriales qui, en leur donnant le patronage de leur canton, met à leur disposition les voix d'un grand nombre d'électeurs ; 2° ce qu'on appelle les bourgs pourris, c'est-à-dire ceux dont, par la diminution des habitans propriétaires, ils nomment exclusivement les députés; 3° les sommes dont ils peuvent disposer pour faire prévaloir les candidats de leur choix. Toujours est-il certain que l'ascendant de l'aristocratie se montre de toute part. Intéressée au maintien de la monarchie et de l'ordre public, elle a pu jusqu'à présent prévenir l'anarchie, et contenir les partis dans les limites au-delà desquelles l'opposition deviendrait factieuse.

D'après cet exposé, le plus léger aperçu de l'histoire de France suffira pour nous convaincre de l'impossibilité de donner une même organisation à deux peuples, entre lesquels il existe une différence aussi notable. En Angleterre, les grands étaient asservis; ce furent eux qui s'adressèrent au peuple pour en obtenir du secours. Le pouvoir qu'ils acquirent, ils ne purent en user au détriment de ceux qui les avaient aidés à le conquérir, et dont l'assistance leur était nécessaire pour le conserver. L'indépendance, qu'ils avaient réclamée comme un droit naturel, ils ne purent la refuser comme garant de la liberté civile à ceux à la coopération desquels ils en étaient redevables. Par-là, la confiance dut s'établir entre ces deux classes, et produire, avec la haine de l'arbitraire, cet attachement aux formes conservatrices, qui est la marque caractéristique de l'esprit public anglais.

Les choses se présentent en France sous un aspect tout à-fait différent. L'avilissement de l'autorité royale sous la seconde race ayant rendu vaines toutes les belles institutions de Charlemagne, les successeurs de Hugues Capet cherchèrent un auxiliaire dans le peuple, afin de rendre monarchique un gouvernement qui n'était que celui d'un grand fief. Telle est l'idée que nous en donne le président Hénault, dans l'excellent ouvrage duquel on suit avec intérêt l'enchaînement des moyens employés par nos rois, pour consommer cette utile et pacifique révolution; tels que l'introduction des appels, la substitution des aides au service personnel, l'établissement des communes, etc. (1) Ces heureuses innovations, effectuées avec lenteur, accoutumèrent les peuples à ne voir dans le monarque qu'un protecteur, dont les intérêts étaient inséparables des leurs. Et je ne doute pas que cette confiance n'ait été la véritable cause de la grande réputation de fidélité, dont les Français ont joui pendant plusieurs siècles. A mesure que l'autorité

(1) Voyez *Remarques sur la troisième race.*

tutélaire de la couronne s'affermit, les idées de vasselage s'altérèrent ; les grands furent attirés à la cour de François Ier par l'attrait des plaisirs; plus tard, le cardinal de Richelieu réduisit à l'obéissance ceux qui persistaient à demeurer indépendans dans leur province, et sans doute il est à regretter pour toutes les classes, qu'il ait annulé leur pouvoir au lieu de se contenter de le restreindre. Enfin le soleil de Louis XIV éclipsa toutes ces planètes secondaires. On ne vit plus dans les descendans de ces vassaux jadis si redoutés, que les favoris du souverain. On ne leur accorda de considération qu'en proportion du pouvoir qu'il lui plaisait de leur confier, et du crédit dont ils jouissaient auprès de sa personne. Celui d'entre eux qui voulut être fier, finit par n'être que ridicule, et bien long-temps avant la révolution, put avoir à se repentir d'avoir blessé l'amour-propre de l'un de ceux qui depuis se sont plaints avec tant d'amertume de la tyrannie des aristocrates.

Aurait-on pu prévoir alors que les fondemens sur lesquels s'était élevée la puissance du trône, se soulèveraient bientôt pour la renverser? La magistrature se crut appelée à remplir une place que l'abaissement de la noblesse laissait vacante ? Son pouvoir mal défini, dépourvu de force réelle, ne put supporter l'examen approfondi de ses titres. La popularité l'avait créé, plus tard il fût renversé par elle. La royauté demeura donc seule en contact avec la nation : circonstance unique dans l'histoire, dont la conséquence immédiate, pour une population nombreuse, n'ait pas été le despotisme. Mais nous verrons bientôt que ce dénoûment, quoique ajourné, n'en fut pas moins inévitable. Revenons au règne de Louis XVI.

Le plus vertueux des monarques arrivait au trône sans prévention, sans arrière-pensée, malheureusement avec trop de méfiance de lui-même, et de déférence pour les conseils de ceux qu'il croyait animés comme lui d'un zèle ardent et sincère pour le bien public. Sa première démarche fut une faute semblable à celle que Louis XVIII commit quarante ans plus tard, celle de ne pas recueillir en entier l'héritage du pouvoir, tel qu'il était entre les mains de leurs prédécesseurs, afin que par la suite on leur sût gré de l'usage, ou de l'abandon qu'il leur paraîtrait convenable d'en faire après un mûr examen. Celui-ci se hâta de nous donner une charte incomplète sous le rapport de ce qui tient à la prérogative royale, et n'ayant de positif que l'impossibilité où il mettait ses successeurs de se défendre contre les empiétemens des autorités rivales de la sienne. C'était jeter le blâme sur le souvenir de toutes nos anciennes institutions. C'était, si j'ose le dire, méconnaître ce qu'il y avait eu de bon dans le gouvernement impérial, qui seul avait pu nous retirer de l'abîme creusé par l'anarchie. Après un incendie, les pompiers ont grand soin de ne pas se retirer, avant de s'être bien assurés qu'il ne reste plus de feu qui couve sous la cendre. C'était inviter les assemblées délibérantes à suivre l'exemple de celle de 1789. Il en fut de même du roi martyr, que son grand-père avait, à tort ou à raison, désarmé de l'opposition des parlemens. L'empressement qu'il mit à les rétablir, lui ôta tout le mérite de sa modération. On ne vit dans cette mesure intempestive que la réparation d'une injustice, et un encouragement à mériter de nouveaux exils, qui ne pouvaient manquer d'être récompensés par de nouveaux triomphes.

Rien ne s'opposait donc en apparence à la réalisation de tout ce que la philantropie la plus séduisante pouvait imaginer pour la félicité du genre humain. L'âge d'or allait renaître, puisque les masses, naturellement vertueuses, n'avaient été retardées dans leur perfectionnement que par les chaînes imposées par le gouvernement, et que le gouvernement actuel ne voulait en imposer aucune. Mais nous avions besoin d'une leçon douloureuse, pour nous convaincre que, dans cette vie d'imperfection et d'épreuve, nous ne pouvons aspirer à la sagesse, que par le sacrifice de celles de nos affections qui intéressent le plus particulièrement notre amour-propre. Louis XVI, entraîné par la pureté de ses intentions, commença par se mettre sous le joug de l'opinion publique, au lieu de chercher à la diriger. Les deux hommes les plus estimables de son royaume, MM. Turgot et de Malesherbes, appelés dans ses conseils, y portèrent ce franc abandon dont tout homme privé peut s'enorgueillir, mais qui, poussé à l'extrême chez un homme d'état, peut donner au vice une trop grande facilité de s'en prévaloir. L'un donna le dangereux exemple de soumettre les affaires publiques au jugement de la population tout entière, en faisant précéder ses édits de préambules explicatifs de ses motifs et de ses vues. Tout privilége qui blessait l'uniformité de ses plans, fut attaqué par lui, sans remonter à l'examen des causes qui en avaient légitimé l'établissement. L'autre se rappelait sans doute l'imprudente facilité avec laquelle ses préjugés en faveur de la liberté illimitée du commerce, lui avaient fait tolérer la circulation des mauvais livres, lorsqu'il disait au commencement de la révolution : Turgot et moi, nous étions de bien honnêtes gens, mais de bien mauvais ministres. Quel autre reproche pouvait avoir à se faire cet homme de bien, dont la vie si pure a été suivie d'une mort si glorieuse ?

Vint ensuite M. Necker, qui, poussé par cet orgueil républicain qu'il avait sucé avec le lait, porta au plus haut point l'imprudente prétention de se créer dans l'opinion publique un tribunal supérieur à celui de la couronne. Son compte rendu flattait trop la vanité de ses nouveaux juges, pour ne pas être accueilli par eux avec enthousiasme. Les obscurités qu'il renfermait, passèrent inaperçues, à la faveur du résultat satisfaisant qu'il annonçait, d'un excédent de plus de dix millions des recettes sur les dépenses, il ne fut plus question de dire comme autrefois : Ah! si le roi le savait! Le contrôleur général devint le seul homme nécessaire, et le cours de la rente, le thermomètre de la prospérité publique.

Je ne me permettrai pas d'examiner ce qu'il peut y avoir à louer ou à blâmer dans cet ouvrage, non plus que dans un autre du même genre, qui parut quelque temps après sous le titre : *De l'administration des finances*. Je n'ai voulu qu'indiquer l'influence qu'ils ont eue sur nos destinées. Quelque fondés que puissent être les éloges que les partisans de l'auteur lui ont prodigués, je ne penserai jamais que ce soit une manière honorable de justifier sa conduite, que de rendre, pour ainsi dire, la besogne impossible à son successeur, en divulguant ce dont on n'a dû la connaissance qu'à la confiance dont on a été honoré par le souverain. C'est tout ce que pourrait se permettre dans une assemblée législative un chef de l'opposition. Encore tout le monde serait-il disposé d'avance à soupçonner celui-ci d'exagération. Ainsi, c'était avant l'établissement du régime représentatif, en adopter les moyens, et surtout le moins recommandable de tous, qui consiste à dénigrer son rival, pour le supplanter. L'évènement a prouvé que c'était le plus efficace.

Le malheur de la France voulut que les qualités de M. de Calonne ne fussent plus en harmonie avec les idées du jour. Pour la première fois, les graces de l'esprit et les apparences de la légèreté furent un titre de réprobation aux yeux des Français. Les parlemens, d'ailleurs, avaient d'anciennes préventions contre lui, et pour se mettre à l'abri de leur censure, il fit convoquer une assemblée de notables, dans l'espoir qu'elle l'aiderait à réaliser les plans qu'il avait conçus pour remédier au désordre des finances. Mais il commençait par démentir l'assertion avancée dans le compte rendu, qu'il n'y avait point de déficit, tandis que selon lui l'origine en remontait au commencement du siècle. Il eut donc contre lui les admirateurs de M. Necker, qui étaient en grand nombre: de plus, les adversaires de M. Turgot, dont il adoptait en partie le système pour la répartition, et par-dessus tout, ces frondeurs méthodiques qui, regardant la cour avec des yeux d'envie, ne cessaient de la poursuivre de leurs calomnies, lorsque la médisance ne suffisait pas à leur haine.

Sans doute le ministre eut tort de compter sur un entier désintéressement de la part de ceux qui, en se plaignant des abus, ne faisaient que répéter sans réflexion des phrases devenues généralement à la mode. Cependant on ne doit pas non plus faire un crime aux hommes de bonne foi, dont se composait la majorité de l'assemblée des notables, de l'éloignement qu'ils témoignèrent pour l'abandon de tout privilége pécuniaire. Ils dirent avec raison que personne ne leur en avait donné le mandat. La générosité, très louable dans celui qui s'impose des sacrifices, cesse d'être une vertu, lorsque ce sont d'autres individus qui doivent en supporter les conséquences. Il y eut donc impossibilité de s'entendre ; on s'occupa des personnalités, plus que de l'intérêt de l'état. Le roi crut qu'il ne fallait qu'une victime pour vaincre l'opposition, et sans qu'on renonçât aux projets de M. de Calonne, il fut exilé.

Autant les deux ministres rivaux, dont je

viens de parler, avaient montré de confiance en eux-mêmes et de courage à braver les obstacles, autant le cardinal de Brienne, dès le commencement de sa carrière ministérielle, annonça d'incertitude et d'impuissance à diriger les événemens. On ne tarda pas à se demander sur quoi pouvait être fondée la haute idée qu'on s'était faite de son talent, et néanmoins on n'osa guère reprocher son élévation à la reine, à laquelle il en était redevable, tant était généralement établie la réputation dont il était précédé. Son grand mérite, à mon avis, consistait dans l'art de se faire valoir. Les philosophes crurent ou feignirent de croire tout le bien qu'il disait de lui-même, par la raison qu'il se montrait peu scrupuleux observateur des mœurs graves de son état. Quoi qu'il en soit, toutes les difficultés semblèrent s'aplanir au moment où il fut revêtu du titre de chef du conseil des finances. Des réformes économiques s'opérèrent à la cour, et les notables, avant de se séparer, acquiescèrent à la demande d'un impôt territorial, sans aucun égard pour les privilèges, et d'un autre sur le timbre, jugé nécessaire pour mettre les recettes au niveau des dépenses.

Pour que le succès fût complet, il ne fallait que hâter l'enregistrement de ces deux édits au parlement, auquel l'entraînement des esprits n'aurait pas permis dans le premier moment de s'y refuser. Une hésitation inexplicable fit évanouir le prestige. L'impôt du timbre, par sa ressemblance avec celui qui avait amené le soulèvement des colonies anglaises, fut le point central auquel commencèrent à se rallier les mécontens, et cette remarque seule indique combien il y avait plus de passion que de raisonnement dans ce malaise, qui tendait à relâcher tous les liens de la société. « Ceux qui ne possèdent rien, se plaignent « des vexations que va causer l'impôt du tim« bre (1). » La multitude applaudit au courage avec lequel le parlement défend ces mêmes privilèges, dont l'abolition va bientôt être le cri de ralliement de toutes les insurrections. Les gens les plus immoraux sont ceux qui s'élèvent le plus hautement contre l'inconduite des courtisans. La fermentation est générale, le désordre dans toutes les têtes.

(1) *Histoire de France pendant le XVIIIe siècle*, par Lacretelle.

A toutes ces causes de désorganisation, l'historien que je viens de citer, en ajoute une plus directe, les intrigues de l'Angleterre. J'aurais voulu qu'en accréditant cette rumeur, il eût appuyé son opinion de quelques preuves non équivoques, et j'avoue que jusqu'à présent, je n'en ai trouvé de positives nulle part. Il n'en est pas de même de la conspiration d'un personnage trop célèbre, pour qu'il soit nécessaire de salir ces lignes de son nom. En dernier résultat, il est évident que la véritable source du mal remonte aux exemples licencieux donnés par le régent; à cette soif de l'or et de toutes les jouissances qu'il peut procurer, excitée par les promesses du système de Law; à l'imprévoyance qui, par l'abolition de l'ordre des jésuites, laissa une génération tout entière s'élever au hasard, sans principes fixes ; et surtout à la tolérance par laquelle on eut l'air d'encourager la propagation des maximes pernicieuses de la philosophie moderne (1).

(1) L'affaiblissement des bons principes était si général, qu'il serait injuste d'adopter l'assertion banale que c'était la corruption des classes privilégiées qui avait rendu la révolution inévitable. Est-ce du clergé dont on parle? Telle n'a pas

Ce qu'il y a de bien certain, c'est qu'à l'époque à laquelle nous sommes parvenus, il était impossible au gouvernement, quel qu'il fût, de ne pas être accusé d'avoir fait des fautes, puisque c'était le commencement d'un combat à outrance, dans lequel le blâme retombe toujours sur le vaincu, et que la force physique, dirigée par des raisonneurs de mauvaise foi, était toute du côté des assaillans. Je doute que la fermeté du plus vaste génie eût été capable d'empêcher le torrent de se déborder; et ce n'était pas chez le cardinal de Brienne qu'il fallait chercher seulement l'apparence d'une qualité aussi essentielle. Il entama des négociations avec les principaux membres de la magistrature, et ceux-ci, dominés par la ma-

été l'opinion des étrangers, même de sectes différentes, dont il a conquis l'estime, sans parler du grand nombre de ceux de ses membres, qui ont bravé la persécution et la mort pour obéir à leur conscience. Quant aux gentilshommes dont l'inconduite pourraît être excusée par les habitudes de la vie militaire, ils ont bien prouvé, par la résignation avec laquelle ils ont supporté la mauvaise fortune et rempli leur devoir dans les rangs les plus subalternes, que leur cœur n'était pour rien dans les égaremens de leur esprit.

jorité toute composée de jeunes gens, et connue sous le nom de la cohue des enquêtes, ne purent exprimer que d'inutiles regrets. Il essaya des coups d'autorité, dont le défaut d'exécution finit par lui faire perdre toute considération. Enfin, lorsque la demande des États-généraux retentit dans toute la France, il ne trouva rien de mieux à faire que d'engager les gens de lettres à présenter leurs vues sur la manière de les composer, comme si nous étions encore à l'enfance de la société.

Son but vraisemblablement était de semer la division entre les trois ordres, et sous ce rapport-là seul il eut un succès complet, tandis que son devoir eût été de les intéresser tous à la défense du trône. L'indignation contre lui fut au comble, lorsque, ne pouvant plus dissimuler la détresse du trésor, il fit rendre un arrêt du conseil, par lequel deux cinquièmes seulement des rentes sur l'Hôtel de Ville seraient à l'avenir payés en argent, et les trois autres en assignats portant intérêt. Sa dernière planche de salut avait été de faire rappeler M. Necker à l'administration des finances, en lui accordant l'entrée au conseil. Mais celui-ci, dont la retraite avait été motivée par le refus qui lui avait été fait de cette faveur, comme incompatible avec sa religion, ne voulant pas se contenter d'un rôle secondaire, il fallut employer les plus vives instances pour lui faire accepter le ministère. « L'opinion publique sentit que rien ne « pouvait résister à sa puissance : elle avait fait « nommer un dictateur de son choix (1). »

Les calamités de tout genre qui ont pesé sur la France pendant les onze dernières années du siècle des lumières, sont la preuve la plus palpable de l'aveuglement des hommes qui, avec les meilleures intentions philantropiques, veulent introduire chez un peuple des réformes qui sont en contradiction avec les élémens de son organisation. Que manquait-il à M. Necker pour réaliser les espérances que fit naître son retour? Quelques idees monarchiques, avec une opinion moins avantageuse de son influence sur la population. Après avoir tout fait pour plaire à la classe la plus nombreuse, il crut pouvoir lui dire, comme le créateur aux eaux de la mer : Vous n'irez pas plus

(1) *Histoire de France au XVIIIe siècle.*

loin : et bientôt il fut emporté par les flots qu'il avait soulevés. En vain les observations des hommes sages et l'expérience des siècles lui avaient démontré qu'une monarchie ne peut se maintenir qu'au moyen de corps intermédiaires, qui préviennent le conflit du despotisme avec l'anarchie. Cette balance, pour la France, était le résultat de l'action insensible dans les temps de calme, et modératrice dans les momens d'agitation, de trois ordres distincts. La résistance passive de chacun d'eux suffisait pour paralyser les vues exagérées des deux autres, ainsi que celles de la couronne. Par je ne sais quel renversement d'idées, et comme pour rappeller au tiers-état les avantages de sa supériorité numérique, et dans la crainte qu'il n'oubliât que la raison du plus fort est toujours la meilleure, le ministre républicain insista pour que les députés représentant cet ordre fussent en nombre égal à ceux du clergé et de la noblesse réunis. Cependant il semblait que son arrière-pensée fût de ne lui accorder qu'une faveur illusoire, puisqu'il tenait fortement à ce que chacun d'eux votât séparément : dernière barrière que la fougue révolutionnaire ne tarda pas à renverser. En vain la grande majorité d'une seconde assemblée de notables désapprouva cette innovation. Il fallut la subir. Dès-lors, à défaut de pouvoirs intermédiaires, il était inévitable, ou que le pouvoir absolu passât entre les mains d'un monarque, ainsi que nous l'avons vu plus tard par l'établissement du régime impérial, ou que l'assemblée s'en emparât, ce qu'elle ne tarda pas à faire, pour céder bientôt la place à l'affreuse convention.

Dès ce moment la révolution est consommée. Il ne s'agit plus que d'en examiner la marche. Le titre d'Assemblée Constituante que s'arrogèrent sans aucune autorisation les députés réunis des trois ordres, exprime suffisamment l'idée qu'ils se faisaient eux-mêmes de leur puissance sans bornes. Un architecte commence toujours par prendre connaissance du terrain sur lequel il va bâtir, afin de s'assurer de la solidité des fondemens : si quelque ancien bâtiment lui fournit une partie des matériaux, il les prépare d'avance de manière à les faire coïncider avec son nouveau plan; après quoi son raisonnement perfectionné par des études préliminaires, donne l'espoir qu'il justifiera l'opinion qu'on s'est faite de son talent. Il n'en fut pas ainsi de nos faiseurs de constitutions : ce ne fut pas même un cours de politique expérimentale qu'ils entreprirent à nos dépens. Car dans un cours on part de quelques principes fixes, on procède du connu à l'inconnu, et l'on ne rejette un ancien système, qu'autant que celui par lequel on le remplace, présente plus de chances de solidité. Ici nous en fûmes réduits à subir une série d'épreuves, dont les conséquences funestes furent comptées pour rien, et dans lesquelles la moindre apparence de ressemblance avec ce qui existait déja devenant un titre de réprobation, le présent fut sacrifié constamment à l'avenir le plus incertain (1). La constitution d'Angleterre, à la-

(1) C'est surtout à ce moment-là qu'on ferait, avec vérité, l'application de cette boutade de l'abbé Galiani (t. II, p. 23 de sa *Correspondance*). — « Le galimatias et le tintamarre viennent de ce que tout le monde se mêle de plaider la cause des « autres, et jamais la sienne. L'abbé Morellet plaide contre « les prêtres, Helvétius contre les financiers, Baudot contre « les fainéans, et tous pour le plus grand bien du prochain. « Peste soit du prochain! Il n'y a pas de prochain : dites ce « qu'il vous faut, ou taisez-vous. »

quelle on feignait depuis plusieurs années de porter envie, ne fut plus, à raison de ses deux chambres, qu'une ébauche imparfaite, digne de la pitié de nos hardis novateurs. Rousseau a dit : « La loi est l'expression de la volonté générale. » Chacun eut donc le droit, que dis-je, le droit? chacun se fit un devoir de propager toutes les idées qui lui paraissaient utiles au genre humain; mais pour établir ce nouvel ordre de choses, il fallait commencer par détruire tout ce qui existait : et cela par une raison bien simple, c'est que ce qui existait était en opposition avec ce qu'on voulait qui fût. Telle fut en effet la conduite soutenue de l'assemblée constituante. « Mettre en li-
« berté toutes les passions et tous les vices, à l'ef-
« fet de créer d'abord, comme spontanément, les
« violences et le désordre. Le désordre une fois
« établi, imaginer des formes légales, afin de
« le conserver et de le perpétuer. Telles
« ont été généralement sa méthode et sa mar-
« che (1). »

Les suites de cette conduite déplorable sont

(1) *Mémoires de M. de Montlosier*, t. 1er, p. 392.

malheureusement trop connues pour qu'il soit nécessaire de les retracer ici : et cela pouvait-il être autrement? Un pouvoir unique pesait sur la France. Louis XVI était dans les fers depuis le 6 octobre; la noblesse, en butte aux persécutions et dépouillée de sa grandeur, n'avait plus d'autre sacrifice à faire que celui de son sang. L'opulence du clergé, que le cours des idées religieuses avait entouré d'une si grande vénération, avait disparu à la voix d'une intolérante incrédulité (1). Ainsi le torrent dévasta tout, et une génération nouvelle s'éleva au hasard, sans souvenirs, sans prévoyance, n'ayant pour toute vertu publique que

(1) « Tant que le clergé a servi puissamment aux progrès de la « civilisation, il a gardé ses richesses. Lorsqu'on a dépassé la ci- « vilisation, il les a perdues. Ainsi vont les choses de la terre; « lorsque les institutions sont favorables à la société, la société « les révère. Lorsque, sous quelques rapports, on les juge « moins utiles, elles perdent de leur importance, sans qu'il « soit besoin de déclamer. Il faut laisser faire à l'ingratitude « naturelle aux peuples, à leur inconstance et aux temps, qui « ne sont que trop habiles à briser les instrumens dont la so- « ciété s'est servie avec quelque avantage. » *Histoire des croisades*, par Michaud.

du courage, auquel ne tarda pas à s'associer la lassitude du désordre et de la terreur. Un général habile mit à profit cette disposition des esprits. Le prestige de la gloire aplanit pour lui la route du despotisme. Une existence durable paraissait assurée aux institutions qu'il s'efforçait de recréer, et qu'il serait parvenu à consolider, s'il avoit su se commander à lui-même, lorsque la fortune épuisée ne trouva plus de faveurs à prodiguer à celui qui ne cessait d'abuser de ses dons. Alors la France fut obligée de subir la loi de l'Europe, qu'elle avait humiliée pendant vingt ans. La modération des souverains étrangers en 1814, prévint les calamités sans nombre qu'aurait attirées sur elle une résistance désespérée. La révolution n'avait rien créé de stable ; tout était vague dans une succession d'événemens aussi incertains que rapides. Il n'était plus possible de penser à la gloire. Le repos devint donc l'objet du vœu général, et la restauration fut évidemment aux yeux de tous le moyen le plus facile de l'obtenir.

RESTAURATION (1).

Après un bouleversement inoui, tel que l'histoire ne nous en présente aucun d'aussi rapide dans son accroissement, d'aussi général dans ses ravages, d'aussi effrayant par la solidité apparente de ses résultats, Louis XVIII se trouva tout à coup, comme par miracle, placé sur le trône ensanglanté de son frère. Les bons se réjouirent, prêts à verser, s'il le fallait, pour l'y maintenir, les restes d'un sang que les bourreaux avaient épargné, plus par lassitude que par humanité. Les méchans frémirent, et n'ôsèrent manifester leur mécontentement, dans la crainte de dévoiler leurs sinistres complots. Tous s'attendirent à de grands changemens : tous crurent que l'édifice informe de la révolution allait être renversé de fond en comble, et si telle eût été la volonté du monarque, la malveillance elle-même eût em-

(1) Écrit en juin 1816.

prunté le masque du zèle ; la cupidité se fût estimée heureuse de conserver par quelques sacrifices une partie du fruit de ses rapines.

Il ne m'appartient pas de juger les rois, ni de peser les raisons qui leur firent quitter les armes au moment où la guerre prolongée de quinze jours eût épargné à la France de nouvelles angoisses, et à l'Europe des dangers incalculables. Quoi qu'il en soit, Louis XVIII, réduit à se servir d'une armée dont la soumission était forcée, craignit de faire des mécontens, auxquels elle prêterait son appui. Les places restèrent pour la plupart entre les mains de gens avides, irrésolus, nourrissant en secret des regrets criminels. Les administrateurs zélés furent accusés d'exagération, d'importunité, aussi l'usurpateur à son retour n'eut-il que peu de déplacemens à faire. Dans quelques départemens même, les nouveaux agens qu'il employa se montrèrent plus favorables aux royalistes, que ceux qui avaient été placés par le roi. On a beaucoup disserté depuis sur ce qui serait arrivé si les autorités avaient opposé plus de résistance et montré plus de dévouement à la cause royale. Il était effectivement douteux que la partie saine de la nation pût avoir assez d'ensemble et de force pour se soustraire au joug que lui imposait l'armée. Le succès même ne pouvait être acheté qu'au prix d'une guerre civile et des plus grandes calamités. Mais au moins la France eût conservé son honneur intact, et se serait épargné l'humiliante nécessité d'être rappelée à son devoir par l'intervention étrangère.

Les suites de la bataille de Waterloo n'en furent pas moins affligeantes. Nos plaies n'en devinrent que plus difficiles à guérir, et le gouvernement fut forcé de se priver momentanément de tout appareil militaire, afin de ne pas retomber dans une dépendance qui venait de lui être si funeste. Une dernière humiliation cependant était réservée au successeur de Louis XVI. Un des bourreaux de son frère vint partager l'exercice de son pouvoir : et tel avait été l'excès de nos maux, que ceux qui rougissaient le plus d'accepter de pareils services essayèrent de se persuader que c'était la dernière planche qui nous était offerte après le naufrage. Un si monstrueux assemblage ne pouvait être de longue durée. Le ministre régicide ne put empêcher la population réunie dans les assemblées électorales, de manifester, par le choix de ses députés, son attachement pour ses maîtres légitimes. Il prévint sa disgrace, et le dernier usage qu'il fit de son influence, fut d'obtenir un exil honorable, qui rendit moins sensible les coups qui allaient être portés à lui et à ses complices.

Enfin l'espoir renaît dans tous les cœurs. Un ministère composé librement, et présidé par un homme sans tache ; une chambre des députés portée par intérêt, comme par devoir, à travailler à l'affermissement de l'autorité royale ; une chambre des pairs, qui par son hérédité, voit son existence attachée à la stabilité des institutions monarchiques ; que de gages donnés à la tranquillité publique ! quel heureux augure pour l'avenir ! Je n'ai plus au moins de crimes à retracer. Malgré l'aigreur des accusations réciproques, personne ne s'est rendu coupable que d'erreur ou de maladresse. Mais ce sont précisément les fautes de ce genre, dont l'aveu coûte le plus à l'amour-propre, et qui engendrent les animosités les plus invétérées.

Au commencement de la session, les nouveaux

députés, ne se connaissant point encore, n'étaient néanmoins occupés que d'un seul désir. Leurs commettans, leurs amis leur avaient dit, au moment de leur départ : Nous n'avons pas besoin de vous recommander de bien servir le roi; mais pour son intérêt bien plus que pour le nôtre, débarrassez-nous surtout de cette foule d'agens subalternes, qui depuis vingt-cinq ans ont fait peser sur nous le joug de l'anarchie comme celui du despotisme. Ce n'est pas assez d'écarter ceux qui se sont fait connaître par de grands crimes. Il en est d'autres tout aussi redoutables par leur dissimulation ou la fausseté de leurs principes. Les places ne sont ni héréditaires, ni le patrimoine de ceux qui les occupent. Le premier des titres pour y prétendre est une volonté ferme de les remplir dignement, au risque de compromettre son repos et même sa vie. La fidélité conduit en peu de temps à la connaissance des affaires : tandis que le plus grand talent n'est qu'un moyen de plus de nuire, lorsque les intentions ne sont pas pures. La révolution n'a pas été faite, parce qu'on voulait la faire. Elle est devenue inévitable, le jour où les maximes républicaines ont prévalu dans la monarchie. Toutes nos institutions se sont trouvées dès-lors en opposition avec les nouveaux systèmes. La cupidité, la malveillance ont profité de ce déplacement général, et comme on errait sans boussole sur une mer inconnue, on a négligé le salut public, pour ne s'occuper que de son intérêt particulier. Craignez que de pareils effets ne résultent de pareilles causes.

Figurez-vous un loyal gentilhomme de province, qui n'eut jamais d'autre règle de conduite que le bon sens et l'honneur; un gros propriétaire qui, satisfait des biens de sa famille, n'a connu d'autre moyen de les améliorer qu'une sage économie; un magistrat, un négociant, uniquement occupés des devoirs de leur état, et préférant une fortune médiocre à des gains illicites : figurez-vous un député choisi dans ces classes estimables (car tels ils l'ont été pour la plupart), porteur d'instructions semblables à celles dont je viens de donner un aperçu, et les regardant lui-même comme l'expression de vérités incontestables. Il aime le roi de tout son cœur, et croirait faire injure à ceux qui ont le bonheur d'approcher le plus près de S. M., s'il les soupçonnait d'avoir une pensée différente de la sienne sur les moyens de le servir. Quel est son étonnement, lorsque, enhardi par quelques politesses banales, il se hasarde à faire connaître le mauvais usage que quelques dépositaires du pouvoir ont fait dans la province de celui qui leur était confié, et qu'on lui répond avec chagrin : Eh ! vous n'y pensez pas, vous voulez donc faire des mécontens, réveiller des haines, amener une réaction, exciter la guerre civile ? Oh ! s'écrie-t-il avec franchise, soyez sans inquiétude. Les hommes dont je vous parle n'ont d'influence que par l'emploi dont ils sont revêtus. Leur chute soulagera d'un grand poids toutes les honnêtes gens, les envieux en riront, et personne ne prendra leur défense. On l'interrompt par un sourire moqueur, qui semble dire : je crois que vous êtes un honnête homme : mais de vieux préjugés vous égarent ; vous voudriez nous ramener à 1789. Allons, nous avons besoin de travailleurs, il faut tout oublier, que tout le monde se rapproche : et comme un mouvement d'impatience lui fait dire, que n'ayant jamais quitté la bonne route, ce n'est pas à lui d'en changer, on lui fait entendre le plus poliment du monde, que vraisemblablement il a quelque place en vue pour un de ses parens, et que tout ce prétendu zèle pourrait bien n'être que de l'ambition mal déguisée.

Dans son indignation, le témoignage de sa conscience, et le souvenir de la résignation avec laquelle il s'est toujours soumis aux lois les plus dures, ne suffisent pas pour lui faire mépriser les doutes qu'on ôse élever sur sa délicatesse; il va confier sa douleur à ses collègues. Tous ont également à se plaindre de la protection qu'on accorde à la bassesse. C'est ainsi que l'humeur et la méfiance ont été les premiers germes d'une division, que depuis on a trouvé plus commode de regarder comme inévitable, que de chercher à la faire cesser.

Cette mésintelligence devait conduire naturellement à un examen sévère des antécédens des ministres dont on croyait avoir à se plaindre. La conduite de M. du Bouchage avait été toujours irréprochable. M. le duc de Feltre et M. de Vaublanc avaient défendu le trône avec trop de courage lors de la dernière catastrophe, pour éveiller les moindres soupçons. On fut moins indulgent pour M. Corvetto, qui, né dans une république, pouvait connaître plus imparfaitement les principes d'après lesquels la France monarchique doit être gouvernée. Les rapports intimes de M. de Cases avec plusieurs membres de la famille Buonaparte, firent que ses fautes furent observées avec plus d'amertume. M. Barbé de Marbois joignait à la réputation d'une probité incorruptible, celle d'un caractère inflexible, et ce fut précisément cette dernière qualité qui donna contre lui les préventions les plus défavorables, à cause de la profession constante qu'il avait faite de son adhésion aux idées libérales, dont le développement a produit la révolution. Les liaisons qu'il avait contractées dans ces temps de calamité, ont effectivement pu l'égarer, et lorsqu'il a voulu se justifier des mauvais choix qu'il a faits dans les tribunaux, sur la recommandation de quelques députés, on a été en droit de lui reprocher de n'avoir pas su toujours se faire des amis aussi intègres que lui.

Il était aisé de prévoir que ce serait contre ces trois derniers que l'attaque serait d'abord dirigée, et vraisemblablement ils auraient trouvé peu d'appui dans l'autre moitié du ministère, si le président n'avait pas fait pencher la balance en leur faveur.

Précédé de la réputation la plus brillante et la moins contestée, M. le duc de Richelieu avait été porté à cette place éminente par la considération générale que lui avait acquise en Europe la sagesse de son administration en Crimée. Avec le plus noble caractère, un désintéressement, une loyauté qui ne se sont jamais démentis, des connaissances étendues, une grande expérience des affaires, dont il avait donné des preuves dans un gouvernement où tout était à créer, et qu'il avait rendu florissant, on a de la peine à comprendre l'accord qui s'établit dès le premier jour, entre lui et des hommes dont la carrière politique avait jusque-là tellement différé de la sienne. Etait-ce la volonté du roi qui lui en faisait un devoir? Etait-ce une nécessité à laquelle l'influence des cours étrangères le forçait de se soumettre? Rien n'a prouvé jusqu'ici la justesse de ces motifs, qui ont été plusieurs fois vainement allégués. Incapable de céder à une opinion qui n'aurait pas été la sienne, c'est en lui-même qu'il faut chercher l'explication de sa conduite, et je crois qu'il n'est pas impossible de la trouver dans le contraste des principes de son éducation, avec ceux qu'il a mis en pratique en Russie, pendant un séjour de près de trente ans. Les premiers, en accoutumant son esprit aux séduisantes théories dont s'est enorgueilli le 18ᵉ siècle, l'ont rendu plus indulgent envers ceux qu'elles ont égarés. Les derniers, en l'accoutumant à l'exercice d'un pouvoir presque absolu, lui ont rendu insupportable la résistance à laquelle un ministre doit nécessairement s'attendre dans un gouvernement représentatif. Ses adversaires d'ailleurs, dont aucun ne s'est jamais permis d'attaquer la pureté de ses vues, se prévalent de sa longue absence, pendant laquelle il lui a été impossible de bien juger la France (on peut ajouter aussi pour sa justification, que ses successeurs n'ont pas été plus heureux dans leur manière d'apprécier la position délicate dans laquelle est placé le pouvoir exécutif).

Une plume plus exercée que la mienne doit nous donner l'histoire de cette session mémorable, pour en bien saisir l'esprit, les détails qui nous en sont fournis par les papiers publics, sont loin d'être suffisans. Il faudrait avoir assisté aux comités secrets, aux débats des commissions, aux conférences particulières tenues chez les ministres, encore quelques questions ont-elles été longuement agitées, sans que de part ni d'autre on ait abordé franchement la difficulté. Mais si j'étais appelé à prononcer, je me montrerais plus sévère envers le ministère qu'envers la chambre des députés. Le sacrifice que chacun doit à l'État de ses passions, même de son amour-propre, la plus irritable de toutes, est possible à un très petit nombre d'hommes réunis, tandis qu'il ne l'est pas à une assemblée nombreuse, quelque grande que puisse être l'étendue de ses lumières, quelque sincère que soit son amour du bien public. La réflexion, le calme, des considérations particulières rendent les premiers capables de prudence et de dextérité. Mais les seconds n'acquerront jamais cet esprit de prévoyance, qu'en se créant des chefs, et de là à l'existence d'une faction, l'intervalle est si facile à franchir, qu'un peu de désordre est préférable à la régularité apparente, qui nous menacerait d'un si grand péril. C'était donc au ministère a entrer dans les vues de la chambre pour la diriger, et mettre à profit ses loyales dispositions, qui tendaient toutes à fortifier la prérogative royale.

Nous avons vu le nôtre, au contraire, s'attacher au système inconcevable de vouloir gouverner l'assemblée par sa minorité, et si l'excellente composition de celle-ci ne l'a pas empêchée de commettre quelques fautes, que pourra t-on espérer d'une autre, qui ne paraîtra plus facile à diriger, que parce que chacun de ses membres, plus accessible à la corruption, préfèrera son intérêt personnel à celui de l'État ?

Les vieux amis de la monarchie ont la douleur de se voir repoussés comme des serviteurs inutiles, ou même dangereux. Ils se découragent, et ont besoin de toute leur vertu pour enseigner à leurs enfans la pratique de cette noble devise : fais ce que dois, advienne que pourra. On dirait que le trône ne peut être raffermi que par ceux qui se sont le plus fortement opposés à son rétablissement. Aussi voit-on ces derniers, enhardis par un crédit, dont ils étaient loin de se flatter aux premiers jours de la restauration, augmenter à chaque instant en nombre, par l'admission de cette foule de gens qui, habiles à flatter toutes les passions, se ménagent des ressources de faveur, quel que soit le maître auquel ils vendent leurs funestes talens. Bientôt la France, livrée à l'égoïsme et à la cupidité, n'aura plus de salut à espérer que dans un gouvernement absolu, dernier refuge des peuples corrompus. Il faudra que la crainte prévienne la trahison, lorsque la loyauté sera mise au rang des préjugés. Tel sera le résultat de ces orgueilleuses théories qui méprisent l'expérience et se jouent de l'avenir.

Alors on regrettera ces barrières imposantes que le temps avait posées lentement et sans secousse contre l'excès du pouvoir, et que Montesquieu regardait comme indispensables dans une monarchie tempérée. Plus de pays d'état, plus de parlemens, plus de clergé, car je n'imagine pas que l'idée qui nous reste de ces grands corps, puisse se rattacher aux conseils-généraux de département, aux cours de judicature, ni à ce nombre insuffisant d'ecclésiastiques salariés, ou obligés de partager le pain des pauvres. Le nom de la noblesse subsiste encore, et la vanité se repaît de vains titres, qui ne procurent d'autre avantage que celui d'exciter l'envie. Ils n'ont plus le prestige d'une antique origine, puisqu'un grand nombre d'hommes nouveaux en sont revêtus. Ils ne rappellent point de grands services, puisque beaucoup ont été le prix de la bassesse. Ils ne donnent pas une opinion certaine de la fidélité, puisque souvent ils ont servi de récompense au parjure. Ils n'annoncent pas l'opulence, puisque ceux qui les portent à plus juste titre, ont été proscrits et dépouillés. Le hasard seul semble avoir présidé à la formation de cette caste nobiliaire, à la tête de laquelle se trouve une chambre des pairs, composée de tous ces élémens hétérogènes.

Quelques hommes d'État se sont flattés qu'après ces premiers sacrifices faits aux circonstances, l'opinion publique, corrigée des erreurs révolutionnaires par les maux qu'elles ont entraînés après elles, reprendrait insensiblement son ancien cours, et redemanderait aux agens du pouvoir d'autres garans de leur bonne conduite que leurs richesses ou leurs succès. Ils n'ont voulu voir dans tout ce bouleversement qu'une génération sacrifiée. Mais comment celle qui s'élève sera-t-elle plus heureuse? et qui trouvera-t-elle disposé à lui tendre une main secourable? Je ne parle ici que des gentilshommes de province : ils auront à lutter contre tous ceux qui se seront enrichis de leurs dépouilles. On leur fera un crime du plus léger regret qu'ils donneront à leur existence passée. Quoique le retour du roi, plus ou moins vivement apprécié dans les différens départemens, ait réuni sur eux la majorité des premiers choix dans les collèges électoraux, il n'est pas vraisemblable que les élections suivantes leur soient aussi favorables.

Exclus de la chambre des députés, ils trouveront encore bien moins d'appui dans celle des pairs, qui doit avoir une tendance continuelle à concentrer le gouvernement dans les classes élevées et celles des grands propriétaires. Ce n'est plus là que leur place est marquée depuis qu'ils ont été dépouillés de leur fortune et de toutes leurs prérogatives. Les pairs, d'ailleurs, sentent très bien que leur considération sera toujours en raison inverse de leur nombre. Obligés, pour la plupart, d'avoir recours à la munificence royale pour subvenir à la représentation nécessaire aux membres du premier corps de l'État, ils ne verront qu'avec répugnance s'accroître la foule des solliciteurs, dans un pays surtout où tout le monde a droit aux mêmes graces, et peut former les mêmes prétentions. Cependant on redoute ces anciens nobles, on leur envie jusqu'au souvenir de ce qu'ils ont été. C'est le seul point sur lequel sont parfaitement d'accord les divers partis auxquels la révolution a donné naissance. Ce sentiment de jalousie perce à travers toutes les subtilités sous lesquelles il cherche à se déguiser. Il me paraît être la principale cause de cette fermentation sourde qui nuit à la marche de toutes les branches de l'administration.

La place anciennement occupée par la noblesse est donc vacante aujourd'hui par le fait. Sans privilège, elle n'est qu'un rouage inutile, peut-être même incommode. Si elle renaît de ses cendres, elle produira encore des Bayards. Si elle reste ensevelie dans la tombe qu'elle s'est creusée elle-même par sa fidélité, au moins elle n'aura pas succombé sans gloire. La France, privée par son extinction d'un de ses plus beaux ornemens, sera peut-être long-temps encore, à raison de son étendue, une des premières puissances de l'Europe; mais par ses mœurs, ses préjugés, ses habitudes, elle ne ressemblera en rien à ce qu'elle fut autrefois; et sans chercher à comparer l'ancienne à la nouvelle, je dirai, comme Énée placé entre les ruines de sa patrie et la grandeur romaine que les destins assuraient à sa postérité, *Troja fuit.*

DE LA CHARTE.

Je doute fort que Louis XIV, dans la plénitude de sa puissance, eût eu la force, encore moins le droit de changer notre ancienne constitution. Louis XVI l'avait entrepris, comme un devoir imposé par un parti, dont les clameurs lui paraissaient être l'expression des vœux et des besoins de son peuple. Ce qui était au-dessus du pouvoir du plus grand de nos rois, ce qui a conduit à l'échafaud le plus vertueux de tous, nous l'avons reçu comme un bienfait de la part d'un prince exilé, calomnié, inconnu à la presque totalité de la génération présente. La présence des troupes étrangères n'a été pour rien dans la réserve qu'il se fit d'une partie de ses prérogatives. La prolongation même de leur séjour en France en 1814, n'aurait été qu'un obstacle à la réunion des esprits. Leur mission se bornait à abattre le mur de séparation qui s'était élevé entre le père et les enfans, et que de maux les souverains auraient épargnés à l'Europe, si en 1792 leurs vues eussent été aussi désintéressées! Alors le monarque s'est montré ; les souvenirs de la nation se sont réveillés ; les cœurs se sont rouverts à l'espérance ; le nuage même, qui pendant cent jours a couvert la France de deuil, n'a rendu que plus sensible cette vérité fondamentale, que la monarchie héréditaire est le premier besoin des Français ; qu'ils ne peuvent avoir un bon esprit public, et par conséquent être heureux que par elle.

Louis XVIII, législateur d'un pays où tout était à recréer, fut obligé de prendre la propriété pour base de ses nouvelles institutions; car il n'en subsistait plus d'autre. Mais il est permis de douter que ce principe unique soit suffisant pour calmer l'agitation qui règne dans les élémens actuels de la société. Celle-ci n'est plus, comme autrefois, une aggrégation de masses ou corporations, de chacune desquelles les opinions étaient connues d'avance, d'après des intérêts ou des préjugés de position qui se transmettaient de génération en génération par l'éducation et les exemples domestiques. Aujourd'hui, les jeunes gens ambitionnent, pour la plupart, une carrière différente de celle de leurs pères. On n'a plus affaire qu'à des individus agités de passions personnelles, poussés par des motifs particuliers, et par cela même peu disposés à marcher sur une ligne tracée d'avance. Qui est-ce qui pourra rendre à la génération qui s'élève cette déférence pour les traditions de famille, cet attachement pour des habitudes d'enfance, dont quelques esprits supérieurs peuvent à peine s'affranchir sans danger, mais dont l'oubli ne peut être que funeste dans tout ce qui demande le sacrifice d'une partie de son indépendance? L'élévation même des sentimens rend en quelque façon son inexpérience encore plus dangereuse, en ce que rien de ce qui la séduit ne lui paraît impossible. Qu'on joigne à cela l'irréligion, ou au moins le scepticisme érigé en système, et qu'on se rassure, s'il est possible, contre le débordement des idées propagées sous le nom de libérales.

Nous ne devons pas aller chercher ailleurs la cause de ce malaise, dont le corps social est affligé, et dont les intrigans savent si bien tirer parti. Quant à l'indication des remèdes, qui peuvent nous en faire espérer la guérison, mon travail n'ira pas jusque-là. Ils dépendent uniquement des circonstances et du génie de ceux qui sont appelés à diriger les événemens, ou pour mieux dire, à se laisser éclairer par eux. Tout au plus on peut hasarder quelques conseils généraux, de chacun desquels, pris isolément, il faut ensuite être prêt à reconnaître l'insuffisance. Je me bornerai donc à tâcher de m'expliquer pourquoi la charte de 1814, si ardemment invoquée pendant seize ans, par ceux mêmes qui l'ont si violemment altérée en 1830, est encore si peu comprise aujourd'hui, qu'elle fait naître une foule de prétentions contradictoires. Cela tient, je crois, au peu de développement donné à quelques-uns de ses articles les plus importans, dont l'application est demeurée dans le vague.

Destinée à fermer l'abîme dans lequel ont été se perdre toutes les anciennes prospérités de la France, j'aurais désiré qu'elle eût été principalement le résumé des vœux exprimés dans les cahiers des derniers Etats généraux, en accueillant tout ce qui était appuyé du suffrage de la majorité des commettans, le prix des concessions en aurait été senti d'autant plus vivement, que le régime impérial ne s'était montré nullement favorable à de semblables exigences. La chaîne si brusquement interrompue du passé au présent, se serait naturellement renouée. En apprenant comment nos pères entendaient la liberté à une époque si récente et cependant si mal connue, nous serions peut-être moins disposés à nous égarer dans de spécieuses théories, qui ne favorisent que la licence, et ne laissent voir dans les leçons de l'expér ence que des préjugés ridicules et surannés.

C'est ainsi que les quatre premiers articles, qui ne sont dans le fait qu'une déclaration des principes, plus ou moins explicitement énoncés dans toutes les constitutions écrites, peuvent être regardés comme une satisfaction donnée aux détracteurs de l'ancien régime. Il a fallu, pour leur plaire, prononcer formellement l'abolition de ces privilèges qui blessaient leur orgueil bien plus que leurs intérêts, et dont ils ne comprenaient l'origine, ni l'utilité pour la société. En ont-ils été plus heureux? Il est permis d'en douter, d'après la manière dont ils ont témoigné leur reconnaissance.

En effet, est-il jamais arrivé que quelqu'un se soit prévalu de son rang, pour se soustraire au châtiment qu'il avait mérité? Il a pu obtenir grace:

ce qui arrive sous tous les régimes, aux parens et aux amis des gens en crédit. Mais, toutes choses égales d'ailleurs, ne serait-il pas vrai de dire que la punition était plus sévère pour lui, que pour un homme du commun, en raison de la honte qui en rejaillirait sur sa famille : tandis qu'aujourd'hui la balance penche plutôt en sens contraire, puisque l'amende, dont le minimum réduit à la misère le pauvre qui y est condamné, n'est dans son maximum qu'une peine illusoire pour le coupable opulent.

Si de là nous passons à l'inégalité de la répartition de l'impôt, qui de tous les griefs est celui sur lequel on a le plus insisté pour faire croire à la nécessité d'une révolution, je répondrai qu'on a feint d'oublier que le clergé avait offert un secours extraordinaire de 400,000,000, et que la grande majorité des cahiers de la noblesse proposait l'abolition des privilèges pécuniaires. Mais ce qu'on voulait par-dessus tout, c'était la destruction de ces deux ordres, et pour y travailler, il fallait bien mettre en avant un prétexte autre que celui de l'envie. Cependant un gentilhomme qui, de la même main dont il avait défendu l'état, cultivait le champ de ses pères, et que des préjugés, onéreux pour lui seul, éloignaient de toute profession lucrative, parce que seul, en naissant, il était voué à celle des armes, avait bien droit à quelque dédommagement, à la faveur duquel il pût transmettre à ses descendans cette hérédité d'honneur et de désintéressement dont sa naissance lui faisait un devoir. Une exemption d'impôts pour le produit de deux ou quatre charrues, qu'il était obligé de faire valoir lui-même, contribuait à sa considération plus qu'à son aisance, et jamais des services aussi utiles ne furent payés à moins de frais. Depuis que le service militaire est imposé à tous les Français, je ne suis pas étonné que les privilèges aient cessé avec leur cause — « La no-« blesse devait son sang, le peuple les impôts (1). » Nous avons l'air aujourd'hui de marcher à l'inverse de cette proposition.

« La plus grande partie des arts et des profes-« sions, dit Hume, en contribuant à la prospérité « d'un État, sont également utiles et agréables à « ceux qui les exercent, et dans ce cas, la règle

(1) *Art de vérifier les dates.*

« du magistrat, excepté peut-être lorsqu'il est « question d'une découverte, est de laisser un « champ libre à l'industrie, et de s'en reposer pour « son encouragement sur ceux qui en recueillent « le bénéfice. Mais il y a aussi quelques emplois « qui, quoiqu'utiles et même nécessaires à la so- « ciété, ne procurent ni avantages personnels, ni « plaisirs à ceux qui en sont revêtus. Alors l'au- « torité supérieure est obligée d'en agir différem- « ment à leur égard. Elle doit leur donner une « protection publique, pour assurer leur exis- « tence. Il faut qu'elle se précautionne contre la « négligence, à laquelle ils se laisseraient natu- « rellement aller, soit en établissant une hiérar- « chie et une dépendance sévère, soit par quel- « qu'autre moyen. Les personnes employées dans « les finances, l'armée, la marine et la magistra- « ture, appartiennent à cette classe. »

Soit que nos ancêtres aient fait un raisonnement semblable, soit plutôt que la force des choses leur en ait tenu lieu, ils sentirent que le courage n'é- tait pas la seule qualité requise dans un officier ; qu'il devait y joindre cet esprit de délicatesse et de désintéressement, sans lequel il n'y a point de véritable héroïsme ; que ces nobles qualités sont toujours dues à l'éducation, aux exemples donnés dans le sein des familles; qu'un père, dont la vie entière aurait été consacrée à l'augmentation de sa fortune, ne verrait pas sans peine son fils embrasser un état dans lequel il n'aurait pour perspective, qu'une pension de retraite hors de proportion avec les sacrifices par lesquels il l'aurait achetée ; tandis que ce jeune homme, méprisant les modestes occupations de ses parens, se priverait de la portion la plus précieuse de leur héritage, la considération attachée à leurs longs travaux.

Telle dut être l'origine des anciens usages, et plus tard, des ordonnances qui accordèrent à la noblesse un droit exclusif aux places d'officiers. Privilège plus apparent que réel, puisqu'on pouvait également y parvenir par des services remarquables; et que, dans les derniers temps surtout, une existence honorable était souvent la seule condition requise pour y être admis. Il fut en même temps interdit à ces familles essentiellement militaires, de se livrer à des spéculations lucratives, par lesquelles elles auraient pu être tentées d'estimer quelque chose à l'égal de l'honneur. Elles étaient cette partie de la nation « à laquelle le « préjugé de la valeur et de la fidélité était parti« culièrement confié (1). » M. Gaillard, dans son Histoire de la rivalité de la France et de l'Angleterre, en donne une autre raison. — « Par l'ordon« nance de 1355, le commerce est encouragé. Pour « en assurer la liberté, on l'interdit à toute per« sonne trop puissante (2). »

Avant de quitter l'article des privilèges, je citerai un arrêté du parlement de Paris, rendu à l'occasion des troubles de la minorité de Louis XIV, et rapporté par Desormeaux. — « Nul Français ne pouvait être détenu plus de « trois jours en prison, sans avoir la consola« tion d'être renvoyé à ses juges. Il n'y eut que « les gens de qualité, à l'égard desquels cette « grace fut restreinte. Comme la cour est le théâ« tre éternel des intrigues et des cabales, le par« lement consentit que la reine ne rendît les cour« tisans prisonniers que trois mois après leur dé-

(1) *Variations de la monarchie française.*

(2) T. III.

« tention, afin d'avoir le temps d'approfondir les « soupçons ou les accusations en vertu desquels « ils auraient été arrêtés (1). » — Je trouverai vraisemblablement peu de gens de mon avis; mais j'avoue qu'il ne me paraîtrait pas injuste que les gentilshommes étant désignés par leur titre, *gentis homo*, comme plus particulièrement voués au service de l'État, fussent dans la dépendance du roi, d'une manière plus rigoureuse, pourvu que les avantages dont ils jouissaient leur fussent conservés. Ceux qui voudraient s'en affranchir, auraient la faculté de rentrer dans la classe commune, en renonçant à celle dont ils trouveraient les charges trop pesantes. Cette police rappellerait celle en vertu de laquelle la punition de certaines fautes, que la loi n'avait pas prévues, était dévolue au roi. Plus sévère que celle des tribunaux, la bassesse des sentimens ne trouvait point d'excuse devant elle. Mais alors, la plus grande partie de ces lettres de cachet étaient des graces accordées aux familles, pour prévenir le déshonneur qu'aurait attiré sur elles l'inconduite d'un de leurs

(1) *Histoire de Louis II, prince de Condé.*

membres. Aussi, lorsqu'on a dépouillé l'autorité royale, lui a-t-on moins reproché les actes arbitraires qu'elle avait commis, que ceux qu'elle aurait pu commettre. De tous les pouvoirs qui l'ont remplacée, quels sont ceux qui peuvent alléguer une semblable justification?

Quoi qu'il en soit, aujourd'hui que la noblesse n'a plus de prérogatives, il serait juste de mettre un peu moins de préventions dans le jugement que l'on porte sur ce qu'elle était autrefois. Mais, dit M. Fiévée : — « Les distinctions individuelles restées aux nobles, révoltèrent d'autant plus, qu'elles n'imposaient aucun devoir particulier, et « que par conséquent la raison n'en trouvait plus « le motif. On se trompe beaucoup, en pensant « que la noblesse doit cesser d'inspirer de la jalousie, dès qu'elle n'est plus qu'une distinction « personnelle. C'est positivement parce qu'elle « n'est plus que cela, qu'une société avancée, où « les avantages de fortune et d'éducation appartiennent à tout le monde, ne peut plus la supporter (1). » N'est-ce pas dire en d'autres termes,

(1) *Histoire de la session de* 1815, p. 19.

que les idées les plus libérales ne sont pas exemptes des calculs de l'intérêt personnel? On ne veut respecter que ce qu'on craint, ou ce dont l'appui peut être utile. Si maintenant on imposait à la noblesse quelque devoir particulier, quelque rigoureux qu'il fût, on appellerait cela un privilège. Et cependant, ceux qui, d'après Montesquieu, pensent qu'un semblable établissement est nécessaire dans une monarchie, conviendront bien qu'il faut lui donner un moyen quelconque de se défendre contre les attaques de l'envie qu'elle ne peut manquer d'exciter. Si elle n'était pas un objet d'émulation, elle ne serait plus une distinction, ni par conséquent une récompense.

C'est à l'article 5 qu'on commence à voir clairement en quoi nos institutions nouvelles diffèrent essentiellement de celles de l'Angleterre. Celles-ci ont conservé l'empreinte de leur origine, c'est-à-dire, celle des idées religieuses, qui en ont été constamment la base. La révolution, qui conduisit Charles Ier à l'échafaud, fut le produit du fanatisme, et voilà pourquoi les esprits, en se calmant, se trouvèrent pénétrés naturellement de ce respect pour les lois divines, sans lequel il ne peut y avoir de société. Ce fut également sur les dangers que courait la religion dominante, que le parlement motiva l'exclusion de la maison de Stuart. Nous, au contraire, nous n'avons cessé de nous débattre et toujours avec désavantage, contre les envahissemens d'un athéisme mal déguisé; et si la vérité a échappé à la désorganisation générale, c'est que le despote lui-même a senti qu'il ne pouvait à lui seul contenir les trente-deux millions d'hommes qu'il avait asservis.

Cette différence nous explique pourquoi la religion anglicane, si tolérante dans ses dogmes, l'est aussi peu dans ses rapports avec le gouvernement. Le serment exigé pour occuper certaines places, et qui jusqu'à ces derniers temps excluait du parlement tous ceux qui ne professaient pas la religion de l'État, n'était qu'une mesure prise en 1689, pour éloigner un prince dont on connaissait l'attachement à l'église romaine. Mais en 1814, ce fut avec l'incrédulité qu'il fallut transiger. Dans tous les cas, je pense qu'il serait juste d'établir une forte ligne de démarcation entre les sectes professées jusqu'à ce jour, et les innovations hasardées par des esprits audacieux, afin de décourager par des entraves légales, celles qui peuvent porter préjudice à l'ordre social. La tolérance ne devrait-elle pas se borner aux cultes, dont les ministres reçoivent un traitement ? Je doute même que le parlement anglais écoutât patiemment la proposition d'en accorder un au clergé papiste.

L'article suivant traite une question sur laquelle je ne suis pas à beaucoup près à la hauteur du siècle. Car je n'adopte pas sans restriction l'opinion de beaucoup de gens, dont je respecte d'ailleurs les intentions, et qui pensent que la liberté illimitée de la presse, est inséparable du gouvernement représentatif. Là-dessus, on cite avec avantage l'exemple de l'Angleterre, mais autant que je peux en juger par le compte que les journaux nous ont rendu de quelques procès de ce genre, il me semble que, dans ce pays de liberté, les condamnations n'ont pas toujours été bornées à de simples amendes, ou qu'au moins celles-ci ont été assez fortes pour mettre le coupable hors d'état de renouveler ses attentats. Je ne comprends rien aux égards que l'on a pour la profession d'imprimeur, la plus pernicieuse de toutes, si celui qui l'exerce ne connaît pas la valeur de ce que ses presses mettent en circulation. Le poison qui se vend chez un pharmacien, ne compromet la vie que de quelques individus. Le genre humain tout entier est intéressé à ce que rien ne porte atteinte à l'ordre établi. Or, il est évident qu'il est bien plus facile de détruire que d'améliorer, de trouver des imperfections dans une machine compliquée, que d'en rectifier les rouages, et que la voix de la raison, qui combat les passions, est toujours faible auprès de celle du sophisme qui les flatte.

Je voudrais donc qu'on encourageât la publicité pour dénoncer les dénis de justice, les abus de pouvoir, sous la condition de punir ensuite les calomniateurs. Rien ne s'oppose non plus à ce que, tout en conservant le respect qu'on doit aux institutions établies, chacun propose ses idées d'amélioration. Mais le droit d'émettre ses opinions s'étend-il jusqu'à celui d'en hasarder de séditieuses, d'immorales ou d'impies, de flétrir la vie privée d'un homme sur un sujet qui n'a point de rapport avec ses fonctions publiques? Je ne pense pas au moins qu'il y eût aucun inconvénient à ce que ces sortes d'affaires fussent traitées à huis clos, comme celles où la pudeur est compromise. L'infamie ne devrait jamais atteindre que l'offenseur, et souvent la réparation est pire que l'offense.

Je trouve de plus que c'est une générosité bien mal entendue de la part du gouvernement, que de se rendre complice des attaques injurieuses que certaines feuilles dirigent journellement contre lui. Pour la rétribution la plus modique, il les fait circuler d'un bout du royaume à l'autre, et charge ses propres employés de leur distribution. Veux-je faire un appel aux passions de la multitude, je n'ai qu'à appeler l'imprimerie à mon secours, et des centaines de postillons s'empresseront de les porter à des milliers d'adresses.

Les quatre derniers articles de cette section, n'étant pour ainsi dire que des émissions de principes, je me bornerai à quelques citations relatives à leur application. — « A la restauration « de Charles II, la noblesse, les corporations, les « hôpitaux rentrèrent sans autre formalité dans « leurs terres. Les terres confisquées en Irlande « ne furent point rendues comme en Angleterre : « elles restèrent, ainsi que celles du clergé, mor- « celées entre les soldats anglais (1). » Ne serait-ce

(1) *De l'Angleterre*, par M. Rubichon.

point là une des causes de la division, qui depuis a toujours régné dans cette île ? Cependant Hume nous apprend que, sous ce même règne, « les « nouveaux propriétaires en Irlande consentirent « à abandonner aux anciens le tiers de leurs pro- « priétés. Mais cette restitution imparfaite ne « produisit que peu d'effet. »

Quant aux recherches des opinions, voici ce qu'on lit dans les Révolutions d'Espagne, par le père d'Orléans. « Le sixième avis que Henri de « Transtamare fit donner en mourant à son fils, « fut que, comme il y avait trois sortes de gens en « Castille, les uns qui s'étaient attachés à ses in- « térêts contre ceux du roi Pierre, d'autres qui « avaient suivi ce prince, quelques-uns qui étaient « demeurés neutres, il fallait maintenir les pre- « miers dans les biens dont ils étaient en posses- « sion, mais qu'il ne s'y fiât pas tellement, qu'il ne « craignît leur légèreté; qu'il se servît des seconds « sans crainte dans l'administration des affaires, « leur fidelité à un mauvais maître étant un gage « à un meilleur de celle qu'ils auraient pour lui ; « qu'il éloignât les troisièmes des charges publi- « ques, comme gens qui n'avaient en vue que

« leurs intérêts particuliers (1). » On ne doit pas oublier ici que Henri n'était pas le roi légitime.

Je ne dirai rien du mode de recrutement, par la raison que les meilleurs esprits l'ont jugé nécessaire. D'ailleurs il est certain que la composition actuelle de l'armée est meilleure que l'ancienne. Néanmoins, il a quelque chose de si affligeant pour les familles, que je désirerais qu'on pût l'adoucir par un nouveau système de remplacement, et je crois qu'il y a eu des plans proposés à ce sujet.

(1) *Révolutions d'Espagne.*

FORMES DU GOUVERNEMENT DU ROI.

Une grande énergie de caractère est nécessaire à l'homme qui veut rendre ses passions obéissantes à la voix de la raison. La royauté, appelée à jouer un rôle semblable dans le corps social, doit également être investie d'une force capable de réprimer tout ce qui porterait le trouble dans son organisation. A cette condition seule, elle peut assurer le maintien de la tranquillité publique, et préserver la société du danger des innovations. Il faut donc commencer par mettre hors de toute atteinte celui qui exerce une magistrature aussi importante. C'est ce que les Anglais ont fait au moyen de cet axiome, qui chez eux ne souffre aucune restriction. « The king kannot dowrong. » Le roi ne peut mal faire. Il faut que sa personne soit inviolable et sacrée. Il faut que la force publique tout entière soit à sa disposition : car s'il existait un seul corps armé qui reçût des ordres de tout autre que lui, l'état serait inévitablement en proie aux déchiremens intérieurs, à la guerre civile. L'exemple du régime féodal et celui de la Pologne, qui n'en a été que la prolongation, confirment cette vérité fondamentale. De plus, si tous les emplois administratifs n'étaient pas à sa nomination, si les réglemens et ordonnances relatifs à l'exécution des lois n'émanaient pas exclusivement de lui, si la puissance exécutive, enfin, était partagée, il y aurait partout hésitation, contradiction, anarchie.

Qui peut ensuite, mieux que le monarque, choisir le moment favorable pour commencer une guerre, s'appuyer des alliances convenables pour la conduire avec succès, la terminer à des conditions honorables, prévoir dans l'avenir des compensations équivalentes aux sacrifices momentanés que les circonstances peuvent rendre nécessaires; conduire les négociations avec mystère, asseoir la paix sur des bases solides, et tirer le meilleur parti possible des traités, soit pour le commerce, soit pour toute autre branche de prospérité publique, tant au dedans qu'au dehors? Il doit veiller à la sûreté de l'État, non comme une sentinelle chargée d'avertir de l'approche du danger, mais comme un commandant d'avant-garde, assez en force pour soutenir le premier choc, et donner au corps d'armée le temps de se réunir.

A plus forte raison un peuple nombreux, dont le territoire étendu se compose de départemens, qui diffèrent entr'eux de mœurs, d'intérêts et de préjugés, peut-il encore moins se passer d'un pouvoir central, qui donne à tous une direction commune; qui oblige tous ses agens à marcher dans une route uniforme, et fasse exécuter les lois; non d'après l'interprétation de chaque individu, mais dans l'esprit qui a présidé à leur confection. Je ne porte pas néanmoins la prévention au point de croire que les sujets qu'il nommera, seront toujours les plus recommandables. Seulement, comme je m'attends à trouver les mêmes imperfections chez ceux qui se seront élevés par la faveur populaire, plus l'élévation de ceux-ci aura été inattendue, plus je croirai devoir me méfier de la pureté des moyens qu'ils auront employés pour parvenir, et par conséquent de l'usage qu'ils en feront.

Cependant il arrive parfois des instans de crise,

auxquels on ne peut remédier que par des moyens prompts et décisifs. Ce danger était prévu par l'art. 14. Peut-être eût-il été à desirer que les circonstances dans lesquelles le roi aurait été autorisé à en faire usage, eussent été plus clairement indiquées. Il n'en est pas moins évident, par sa suppression, même en 1830, qu'il ne pouvait avoir d'autre sens qu'un recours à une espèce de dictature, institution à laquelle il est reconnu par tous les bons esprits que la république romaine a dû son salut au milieu des troubles dont elle fut sans cesse agitée. « Je conclus que les ré-« publiques qui, dans les dangers éminens n'ont « pas recours à un dictateur ou à de pareils ma-« gistras, doivent y périr infailliblement (1). » Lorsque l'usurpation de César eut rendu cette charge perpétuelle, l'évènement a prouvé que la corruption de Rome ne lui laissait plus aucun autre moyen de conservation. « Je ne puis « me consoler de voir ce qu'on n'a jamais vu dans « aucune autre république, que n'ayant plus de

(1) Machiavel. *Disc. sur Tite-Live*, l. I. chap. 34.

« maître, nous n'ayons pas recouvré notre li-
« berté (1). »

Après avoir établi la nécessité de confier au roi seul le pouvoir exécutif, nous devons nous convaincre également qu'il est indispensable qu'il ait une part indépendante dans l'exercice de la puissance législative. Sans cela il ne serait plus que le délégué servile d'une autorité supérieure à la sienne, et par cela même incapable de faire usage de cette faculté de raisonner, qui est son attribut distinctif. La distinction des pouvoirs a paru de tout temps ce qu'il y avait de plus parfait en théorie. Mais si la longue habitude du gouvernement représentatif ne laisse apercevoir en Angleterre aucun inconvénient à la liberté d'agiter à volonté toutes sortes de questions, peut-on en dire autant de la France, où le goût des idées aventureuses est si général, qu'il semble que les excès auxquels elles ont donné lieu, n'aient fait aucune impression sur les jeunes gens qui n'en ont pas été témoins? Il n'est donc pas étonnant que le roi lé-

(1) *Lettre IV de Cicéron à Atticus*, l. XIV.

gislateur, se méfiant d'une indépendance capable de rendre encore une fois problématiques les principes fondamentaux de la monarchie, se soit réservé exclusivement la proposition de la loi. Beaucoup de gens n'ont voulu voir dans cette prérogative qu'un empiétement sur les libertés publiques. Ils auraient bien mieux fait de se contenter de la faculté accordée aux chambres de supplier le roi de proposer une loi, ce qui ressemble assez à une initiative. Cependant aucun d'eux n'en a fait usage, à l'exception de M. Barthélemy, mais dans un sens tout opposé, au sujet des élections. Pour moi, j'affirme que ce droit m'a toujours paru plus onéreux qu'avantageux au souverain, et voici sur quoi je fonde mon opinion, conforme à celle émise par M. de Vaublanc (1).

Je conçois qu'un ministre vienne sans crainte demander aux chambres des fonds destinés à réaliser des améliorations qu'il propose. Un refus ne compromet en rien la considération due à la confiance dont il est honoré par le monarque,

(1) *Mémoires*, t. IV, p. 184 et suiv.

car il a le droit de dire : Mon projet était utile, je ne pouvais l'effectuer sans un surcroît de dépense. Je dois y renoncer aussi long-temps que ceux qui ont le droit de voter l'impôt, en méconnaîtront les avantages. En attendant, rien ne périclite, le bien se fera plus tard, et jusque là les choses en resteront au même point.

Il n'en est par de même, lorsqu'il s'agit de corriger un abus qui s'est glissé dans l'administration. Le moyen de répression ne pouvant être proposé que par le ministre, c'était toujours une augmentation de pouvoir qu'il avait à solliciter : dès-lors, une victoire, si la proposition était adoptée, une défaite, lorsqu'elle était rejetée. Cette alternative, qui paraît toute simple au premier coup d'œil, renferme néanmoins, à mon avis, un grand fond d'injustice. Dans le nombre des votans, les uns étaient intéressés au maintien de l'abus qu'on venait leur dénoncer; les autres n'y voyaient qu'un surcroît d'embarras pour le ministre, et s'en applaudissaient dans l'espoir de quelque changement favorable à leur ambition. Les pusillanimes penchaient pour des concessions par lesquelles la proposition était presque totalement dénaturée. Enfin, la proposition étant rejetée, le ministre pouvait avoir à s'estimer heureux de ne pas être mis en accusation, pour n'avoir pas été infaillible, lorsque tant d'adversaires étaient intéressés à lui trouver des torts, et que ses partisans mêmes étaient retenus par la crainte d'être appellés ministériels : dénomination devenue si effrayante à une certaine époque, que, pour ne pas la mériter, quelques députés, d'ailleurs très monarchiques, ont passé dans des rangs où leurs antagonistes ont été sans doute étonnés de les voir assis à côté d'eux.

Cet inconvénient, me dira-t-on, existe bien toutes les fois qu'un ministre est dans le cas de faire une nouvelle proposition. Sans doute, et je n'ai pas cru que ce fût une raison de me dispenser de le signaler. Mais alors il se renouvelait chaque jour, et le ministre n'avait pas la ressource de se servir d'un organe étranger pour parvenir à son but. Dailleurs, et c'est ici ce qui m'a toujours paru le plus fâcheux, le monarque, tout inviolable qu'il était en apparence, n'éprouvait-il pas une partie de la défaveur qui s'attache à un revers? Il n'était pas simplement juge de la question soumise ensuite à sa sanction. Il était au contraire intéressé à l'adoption d'un projet qui avait été préparé sous ses yeux, et discuté dans son conseil. Il ne pouvait sans inconséquence refuser, ni même modifier son acceptation à ce qui, avant les débats, avait obtenu son assentiment. C'était une sanction anticipée. Combien me paraissait préférable sous ce rapport la position du roi d'Angleterre, qui, jusqu'à ce qu'une question soit pleinement approfondie, y demeure étranger au point que son opinion ne doit pas seulement être soupçonnée; qui peut la réformer d'après les discussions contradictoires, et prononcer en dernier ressort, sans donner aucune marque d'indécision, de rétractation ou de faiblesse. « Je déclare, et je « le dis sans crainte qu'on puisse nier ce que j'a- « vance, que personne n'a le droit de supposer « au souverain telle ou telle opinion, relative- « ment aux questions soumises à la chambre. Si « telle n'est pas la véritable doctrine de la cons- « titution, ceux qui ont travaillé pendant tant « d'années à établir un gouvernement libre, se « sont trompés (1). »

(1) *Paroles d'un pair d'Angleterre*, journal de l'Etoile du 26 mai 1827.

(Je m'abstiendrai dorénavant de toute réflexion sur les articles qui, par leur ressemblance avec ce qui se passe en Angleterre, ont reçu la sanction de l'expérience : et quant aux différences, je me contenterai d'exprimer mes doutes par quelques citations.)

DE LA CHAMBRE DES PAIRS.

Les pairs d'Angleterre jouissent d'une prérogative qui n'a jamais été réclamée par ceux de France, même lorsqu'ils étaient héréditaires, celle de donner leur voix par procuration. D'un autre côté, loin de concourir directement à la nomination des membres de la chambre des communes, leur présence suffirait pour rendre une élection nulle. Il est vrai qu'ils en sont amplement dédommagés par cette immense influence dont j'ai parlé ci-dessus, p. 122 et 123; de plus ils ne peuvent exercer aucune fonction lucrative, ni remplir aucune place administrative, pas même celle de shériff, qui répond à celle de préfet sans appointemens. Relativement à l'hérédité, ils ne sont pas tous dans une position uniforme. Ceux d'Ecosse et d'Irlande sont élus par les représentans des familles jouissant des droits appartenant à la pairie ; les premiers pour la durée de chaque parlement, les seconds à vie. Tous les évêques d'Angleterre siégent de droit : le corps épiscopal d'Irlande par représentans.

« En 1711, on prit tout à coup la résolution d'as-
« surer la majorité au parti de la cour, en créant
« douze nouveaux pairs : mesure extraordinaire,
« mais non illégale, à laquelle néanmoins il n'est
« pas à craindre qu'on ait souvent recours, parce
« qu'elle pourrait, dans quelques circonstances,
« mettre en danger la constitution ou le gouver-
« nement, ou peut-être l'un et l'autre; tandis que
« la seule crainte de la voir mettre en usage,
« peut produire le même effet, sans exposer à
« aucun danger (1). » Il est à remarquer que nous avons eu deux exemples de cette mesure en France, dans des vues diamétralement opposées : que le second donné par M. de Villèle n'était que le correctif du premier, qu'avait donné M. Decazes : et qu'ensuite les effets du dernier ont été déclarés nuls, lorsque la balance a penché de nouveau du côté du parti qui le premier y avait eu recours.

Il faut que les pairs d'Angleterre soient majeurs pour avoir voix délibérative. Mais leurs fils

(1) *Histoire d'Angleterre*, par M. Bertrand de Molleville.

aînés, comme héritiers présomptifs, assistent aux séances sans y prendre part. A cela près, la publicité est sans exemple, et ne pourrait que nuire à la dignité de la chambre haute, en la soumettant aux caprices de l'opinion publique, devant laquelle dans le fait elle n'est pas responsable, puisqu'elle n'est pas élective.

« Elle a de plus, dit M. Rubichon, le privilège « d'être juge en dernier ressort des causes civiles « de toute la nation. Mais cette judicature est « rendue presqu'illusoire, parce qu'il y a peu de « gens qui jouissent d'une fortune assez con- « sidérable, ou d'une vie assez longue, pour tra- « verser d'abord la route tortueuse des tribunaux « subalternes. »

Enfin, quoiqu'il ne soit pas permis d'emprisonner pour dettes aucun membre des deux chambres, pendant la durée de la session, « un pair « peut être arrêté ou détenu, jusqu'à ce qu'il « donne caution, dans le cas où il troublerait la « tranquillité publique. Il ne peut jamais l'être « en matière civile; mais ses biens peuvent être « saisis (1). »

(1) *Const. of Eng.* by de Lolme.

DE LA CHAMBRE DES DÉPUTÉS.

« Chaque ville, ainsi que chaque comté, « donne ses instructions à ses représentans au « parlement, sur les objets qui leur paraissent « les plus importans, soit pour le bien en gé- « néral, soit pour l'intérêt particulier de ces « villes ou comtés (1). » Notre assemblée constituante, au contraire, pour n'être pas obligée de se conformer aux instructions contenues dans les cahiers des trois ordres, déclara qu'il n'y en aurait plus d'obligatoires.

Une autre différence, c'est que, quoique la population des bourgs, des villes et même des comtés en Angleterre ne soit plus en proportion avec le nombre des représentans, la fixité des lois a fait de cette imperfection même désignée par le nom de bourg-pourris, un des plus fermes appuis de la constitution, basée sur l'aristocratie. Comment un

(1) *Histoire d'Angleterre*, par M. Targe.

abus, dira-t-on, peut-il produire un bon effet? C'est qu'il est l'ouvrage du temps et du respect pour les chartes et coutumes anciennes, et qu'à leur faveur les mœurs et les préjugés nationaux se sont identifiés avec lui. La preuve en est dans une durée de plusieurs siècles.

« L'expérience fit connaître le danger des élec« tions trop fréquentes, qui souvent favorisent les « factions, et mettent de l'irrésolution dans la « marche de l'administration (1). »

« Il crut (Georges I), et ne se trompa pas, « que son autorité s'étendait en proportion du « pouvoir qu'il accorderait au parlement, dont « il avait eu l'art de se rendre le maître. Dans « cette vue il fit statuer par un bill solennel que « cette assemblée nationale, qui jusque-là n'avait « duré que trois ans, durerait désormais sept an« nées (2). » Sans doute ce sont des réflexions de ce genre qui ont fait renoncer en France au renouvellement partiel. En effet, au moment de la réunion d'une nouvelle chambre, la première pensée

(1) *Miscellaneous works of Chesterfield.*

(2) *Histoire universelle*, par une société de gens de lettres.

du ministère est de chercher à connaître les dispositions de la majorité à son égard. Si elle lui est favorable, une perspective de calme et de succès se présente devant lui. Il entreprend avec confiance, et peut espérer de mettre à exécution les plans qu'il aura formés : car dès l'instant que ces rapports sont établis, le déshonneur s'attacherait, au moins en Angleterre, au député qui les romprait par des motifs d'intérêt personnel. Mais si chaque année doit amener une combinaison nouvelle, il en résulte pour les ministres un travail annuel, nécessaire pour s'assurer une majorité périodiquement incertaine : et cette fausse position ne leur permet ni de s'occuper de l'avenir, ni de penser à autre chose qu'à se maintenir au pouvoir jusqu'à l'arrivée d'un nouveau cinquième.

Le changement introduit en 1830, par l'élection des présidens accordée aux colléges électoraux, nous rapproche un peu des usages d'Angleterre, où l'on ne reconnaît dans cette circonstance que des magistrats préposés au maintien de l'ordre. Jusqu'ici la nomination du président par le roi n'était le plus souvent que la désignation d'un candidat, et il m'a toujours paru que les chances de succès qu'elle donnait à celui-ci, n'équivalaient pas à la défaveur qui en résultait pour le trône en cas de non réussite.

Mais une différence plus importante dans les usages des deux pays, c'est qu'un grand propriétaire a la faculté « de voter dix fois de suite dans une « année, si dix comtés, où il aurait des proprié- « tés, remplaçaient dans cette même année leurs « députés, et dans les élections générales, tout « propriétaire d'une maison possédée en franche « tenure, vote et dans l'assemblée de la ville, et « dans l'assemblée du comté où cette ville est « située (1). » De plus la présence du candidat est nécessaire pour sa nomination à la chambre des communes.

On voit par la première observation que le double vote, loin d'être considéré comme une monstruosité, est une chose toute simple en Angleterre, parce qu'on y est occupé de la représentation de la propriété, plus que de celle des individus.

« Les impôts dont le produit est destiné à

(1) Brochure de M. Clausel de Coussergues, du 6 mai 1822

« payer l'intérêt et le remboursement des em-
« prunts, sont levés, sans qu'aucun autre vote
« soit nécessaire, jusqu'à l'extinction de la dette,
« au paiement de laquelle il sont spécialement
« affectés (1). »

« L'usage du parlement jusqu'à ce jour (1669)
« avait été de voter un subside, sans l'approprier
« à aucun service particulier. Mais sous les der-
« niers règnes on a adopté une pratique con-
« traire (2). »—« Le souverain était investi de tout
« pouvoir, excepté de celui d'établir l'impôt ; et
« cette entrave n'étant pas contrebalancée par
« d'autres priviléges, paraît avoir plus d'incon-
« véniens que d'avantages pour la nation. Elle
« porta la reine à établir des monopoles, et à ac-
« corder des patentes pour le commerce exclu-
« sif (3). »—« C'est une vérité, peut-être affli-
« geante, mais incontestable, que dans tout
« gouvernement, le premier magistrat doit jouir
« d'un revenu considérable, et d'une grande force

(1) *De l'Angleterre*, par M. Rubichon.

(2) *Histoire d'Angleterre*, par Hume.

(3) *Idem.*

« militaire, ou de quelque pouvoir discrétion-« naire, qui le mette à même de faire exécuter « les lois et respecter son autorité (1). »

Toutes ces observations m'enhardissent à élever quelques doutes sur la vérité de cet axiome généralement adopté, que dans un gouvernement représentatif, les chambres doivent avoir le droit absolu de refuser l'impôt. Remarquez que ce principe a pris naissance en Angleterre dans un temps où les rois, outre leur domaine privé, qui leur donnait une sorte d'indépendance, jouissaient de quelques droits lucratifs autorisés par l'usage. L'on n'avait alors aucune idée du crédit public, au moyen duquel la fortune d'un si grand nombre de particuliers dépend aujourd'hui du bon ordre des finances. L'administration tout entière n'était pas alors tout entière entre les mains du monarque, comme cela est arrivé par l'abaissement des grands, qui en outre, en temps de guerre, étaient obligés à un service personnel et gratuit. Le pays ne courait pas le risque de rester sans défense contre les débordemens de la licence, par la

(1) *Idem.*

suppression de la solde des agens de l'autorité, puisque les justices particulières étaient investies du droit de les réprimer.

Le principe est donc incontestable, lorsqu'il s'agit d'un nouveau subside, ou de la prolongation de celui qui n'aurait été voté que temporairement pour un objet déterminé. Mais l'étendre indistinctement à toutes les impositions desquelles dépendent le service public et l'existence des familles, n'est-ce pas livrer l'État à la merci des factieux? N'est-ce pas un vrai suicide politique? Il est au nombre des choses possibles, que l'imprudence ou la malveillance fasse prévaloir dans la chambre élective des maximes antimonarchiques, et qu'au mépris de la résistance toute constitutionnelle de celle des pairs, la première usurpe une prépondérance excessive, par la menace seule du refus de l'impôt : ressource désespérée de l'esprit de parti, dont il est aussi difficile de se garantir, que de prévoir les conséquences anarchiques : crainte chimérique, dira-t-on, qui ne s'est jamais réalisée dans aucun des pays où le système représentatif est en vigueur. Je réponds à cela que, si pareille chose n'a pas eu lieu en

Angleterre, il faut en chercher la cause dans la grande influence de l'aristocratie sur les élections; et que, pour ce qui peut arriver en France, il est au moins effrayant de penser que, lorsqu'une voix suffit pour faire adopter une mesure de ce genre, cette voix peut être également l'organe de la haine, de la séduction ou de la légèreté.

Je termine cette section par la remarque judicieuse de Playfair. « En Angleterre, comme il « faudrait de grands frais pour se faire réélire, et « que chaque membre peut penser qu'une oppo- « sition trop violente amènerait la dissolution de « la chambre, ils ont grand soin, en quelque « sorte d'un commun accord, de s'arrêter avant « d'aller trop loin (1). » Ne serait-il pas possible qu'un traitement accordé à nos députés produisît un effet semblable?

(1) *La France telle qu'elle est.*

DES MINISTRES.

Le temps seul peut nous donner une législation complète sur leur responsabilité. Elle se formera de jugemens successifs, dont les premiers serviront de règles aux suivans, comme les arrêts des cours souveraines suppléent à la loi, dans les cas qui n'ont pas été suffisamment prévus. Contentons-nous, en attendant, de trouver en elle une garantie contre les abus de l'autorité, par la crainte salutaire qu'elle inspire à ceux qui sont honorés de la confiance du roi. Je ne crois pas que les Anglais aient rien de plus positif à cet égard.

DE L'ORDRE JUDICIAIRE.

L'institution du jury a été accueillie en France avec transport, parce qu'elle a paru donner la certitude que dorénavant on ne serait plus jugé que par ses pairs. Voyons maintenant ce qu'en dit M. Rubichon. « Un revenu de 30 liv. st. est une « considération nécessaire pour être juré. Mais la « dépréciation de l'argent a été telle, depuis qu'on « a rendu cette loi, que, mettant les plaideurs « d'un côté, et les jurés de l'autre, ces premiers « se trouvent appartenir à un bien plus haut rang « dans la société que les seconds ; et que par con- « séquent on est jugé par ses inférieurs, et non « par ses égaux. Joignez à cela qu'on ne peut pas « forcer d'être membre du jury, soit de droit, « soit de fait, les pairs, les membres de la chambre « des communes, les agens du gouvernement, « les juges inférieurs, les gens de loi, les ecclé- « siastiques, les médecins et autres officiers de « santé, les officiers de la marine, de l'armée et

« de la milice, les maires, les chefs des corpora-« tions, enfin tous ceux qui occupent nombre de « places qui, n'assujétissant souvent à aucun « devoir, sont accaparées par les riches (1). » Tout cela, ce me semble, offre peu d'analogie avec le jury de France. Je remarquerai seulement que, soit affaire d'opinion, soit scrupule, on est assez disposé à reprocher à celui-ci une trop grande tendance à l'impunité, sous prétexte de circonstances atténuantes.

RÉSUMÉ.

Toutes les imperfections que je viens de signaler, me paraissent dues à l'excès de précaution pris par l'auteur de la charte, pour empêcher qu'aucun de ses successeurs pût jamais y porter atteinte. Dans le nombre il en est particulièrement trois dignes de fixer l'attention de tout bon Français, qui préférera la paix et l'union au chimérique honneur de courir après un fantôme de perfectibilité.

(1) *De l'Angleterre.*

Les crimes de la convention nous ont appris ce que nous avons à redouter d'une chambre dont la nomination appartient à cette partie de la nation, que le défaut d'éducation et de fortune rend le plus accessible aux suggestions de la malveillance, et dont les passions, une fois soulevées, renversent tous les obstacles que leur opposent vainement la majesté du trône, et les privilèges d'une chambre haute. On ne peut s'en garantir que par une bonne loi d'élection. J'en ai parlé p. 61 et suiv.

Mais cette chambre, quelque bonne que soit sa composition, n'en est pas moins exposée aux erreurs où peuvent l'entraîner les vues fausses ou intéressées de quelques-uns de ses membres. Pourquoi laisser entre ses mains une arme aussi meurtrière, que la faculté illimitée de refuser l'impôt? Il serait facile, ce me semble, de concilier la liberté publique avec la sûreté de l'Etat, par la distinction que j'ai proposée.

Quant à cette fermentation habituelle que la presse entretient dans les esprits, c'est à des jurisconsultes éclairés à fixer la ligne de démarcation qu'il est possible d'établir entre la licence et la liberté. Je voudrais au moins que la vie privée, dont on ne doit compte à personne, fût à l'abri des traits de la médisance, si voisine de la calomnie; et que le métier de folliculaire, lorsqu'il sort du domaine de la politique, de la science ou de la littérature, fût aussi décrié que l'était à Rome celui de délateur. Voyez p. 177 et suivantes.

Aux améliorations que je n'ai fait qu'indiquer, j'ajouterai quelques regrets de ce que l'établissement des majorats n'a pas pris plus de faveur dans les premières années de la restauration. Eux seuls pouvaient donner à la pairie une considération durable, qui tend au contraire tout les jours à s'affaiblir par la publicité de ses séances. Il semble que sa prérogative aille se réduire à juger en matière criminelle dans ces cas devenus trop fréquens.

Peut-être aussi serait-il à désirer que les conseils généraux de département eussent une organisation et des pouvoirs plus analogues à ceux de nos anciennes assemblées provinciales. Il était bien généralement reconnu avant la révolution, que les pays d'état étaient ceux dont l'administration présentait les résultats les plus avantageux. L'introduction des assemblées provinciales eut ensuite le grand inconvénient d'habituer tout le monde à se mêler inconsidérément des affaires publiques. Mais aujourd'hui que l'expérience a dû refroidir nos imaginations, elles auraient l'avantage de donner aux esprits ardens une occupation qui serait sans danger par la surveillance habituelle de leurs compatriotes. Elles mettraient des bornes à cette centralisation contre laquelle, quoique nécessaire jusqu'à un certain point, on s'élève avec tant de force. Enfin elles seraient à même de donner, avec connaissance de cause, non pas des mandats impératifs, mais des instructions aux députés, qui par-là se trouveraient soumis à une responsabilité morale.

J'ai exprimé plus haut ma façon de penser relativement à la tolérance religieuse, au recrutement, et à l'ancien article 14.

APPENDICE.

NOTES

RELATIVES A LA CONSTITUTION D'ANGLETERRE.

L'Angleterre, peuplée de dix millions d'habitans, envoie à la chambre des communes 513 députés

envoie à la chambre des communes	513 députés
L'Écosse,	45
L'Irlande,	100
Total	658

Population :

De l'Angleterre,	10,000,000
De l'Écosse,	2,000,000
De l'Irlande,	6,000,000
Total	18,000,000

Divisant les taxes en dix-sept parties, l'Écosse en paie une, l'Irlande deux, et l'Angleterre quatorze.

Le nombre des représentans de chaque royaume est calculé sur son importance réciproque. D'ailleurs, un Ecossais ou un Irlandais peut être élu en Angleterre, comme en Écosse ou en Irlande, et réciproquement (1).

Manchester et Birmingham, qui ont plus de cent mille ames de population, ne nomment aucun député; et le bourg de Old-Savens, où il ne reste qu'une masure, en nomme deux. Londres, qui par sa population devrait avoir le droit d'envoyer quarante membres à la chambre des communes, n'en envoie que huit, et le Cornwaille, qui en envoie quarante-quatre, n'en devrait envoyer que sept. En résultat, sur les 658 députés, il n'y en a pas 300 qui soient nommés par les comtés, les villes ou les universités; les autres sont à la nomination de deux cents anciens propriétaires de fiefs. On les nomme *lords of the mannors*, seigneurs de manoirs. Ils ont, l'un portant l'autre, quinze locataires de leurs propriétés, qui à chaque élection viennent prendre leurs ordres. S'ils ne sont pas membres de la chambre des pairs, ils se nomment eux-mêmes; et s'ils le sont, ils font nommer d'abord leurs enfans ou leurs parens, et pour le surplus ils font de ce pro-

(1) *De l'Angleterre*, par M. Rubichon.

duit de leurs terres, comme des autres; après avoir pris leur consommation, ils vendent le reste. Le prix d'une élection est de 500 louis. C'est au ministère, ou à son parti ennemi, à rembourser cet argent d'une manière directe ou indirecte. C'est à quoi s'attend le public, et même mieux, le député.

Sur les 300 élections restantes, les universités et quelques-unes des grandes villes en font une centaine. Le droit d'électeur y est réglé par diverses chartes. Et on peut bien s'imaginer que l'esprit de monopole et l'aristocratie municipale ont toujours interprété les chartes de manière à conduire le plus grand nombre d'électeurs. Les trois royaumes se divisent en 114 comtés, dans la capitale desquels se font celles des élections dont il me reste à parler. 72 comtés nomment deux députés. Les 42 autres moins considérables, n'en nomment qu'un. Le nombre de ces élections est donc de 186, et celles-ci sont les plus honorables, parce qu'elles coûtent plus cher.

J'éviterai de faire le tableau d'une élection. On peut lire celui des bacchanales chez les anciens. Encore ces saillies n'ont-elles lieu que dans les villes assez considérables pour résister à l'influence immédiate du principal propriétaire. Dans celles du second ordre, le seigneur du lieu voisin indique d'avance le candidat auquel il a vendu ou donné les votes de ses vassaux. Sur la totalité des élections, il n'y en a guère que 50 ou 60 de vraiment contestées. Il faut, pour ces sortes de luttes, que là où il y a deux personnes à nommer, il se trouve à la fois trois candidats, dont la bourse soit aussi pleine que la tête vide, combinaison assez rare, puisqu'elle se détruit par elle-même. Je tiens que le temps des élections est celui où la noblesse exerce le plus fortement son pouvoir sur les classes inférieures de la société.

Voici un aperçu de la formation de la chambre des communes :

Fils aînés de pairs, qui à leur décès les remplaceront dans la chambre haute,	75
Fils cadets du même rang, qui n'ont qu'un titre de courtoisie, et qui jouissent de quelque fortune.	90
Propriétaires de fiefs, appelés lords of the mannors, et jouissant comme tels, de toutes les redevances inhérentes au système féodal, comme lods et ventes, etc.	200
Propriétaires inférieurs, héritiers présomptifs, ou parens des propriétaires de fiefs.	235
Jurisconsultes, manufacturiers ou négocians.	58
Total	658

Pour avoir le droit d'être élu par un comté, il faut avoir 600 louis de rente en propriété territoriale quelconque, tandis que, pour être élu par les villes, bourgs, ou les universités, il suffit d'en avoir 300. Un tiers de la surface de l'empire se compose de terres qui relèvent de quelque seigneur. Voilà donc un tiers de propriétaires de terres privés du droit d'élection. Mais dans un pays où on a, comme en Angleterre, maintenu le système féodal dans toute sa vigueur, et où la main-morte, les substitutions et le droit de primogéniture ont envahi la presque totalité du territoire, il n'y a point de terre seigneuriale de 2 louis de rente, taux fixé pour avoir le droit d'élire dans un comté, ni même de 3 ou 600 louis. Ce n'est donc pas le peuple seulement qui est exclu d'être électeur au parlement; ce sont tous les propriétaires de richesses mobilières, tels que les manufacturiers, les négocians, les jurisconsultes, les médecins, les savans (1).

Le nombre de ceux qui votent toujours pour le gouvernement, quels que soient les ministres, est de 250

Nombre de ceux qui votent toujours pour les ministres, par attachement, et qui dans leur chute les suivent. 150

A reporter. 400

(1) *Idem.*

Report.	400
Nombre de votans dans l'opposition.	150
Nombre qui se donne pour indépendans du roi, des ministres et de l'opposition (1).	108
Total	658

La chambre des pairs est ainsi composée :

Les princes du sang.	8
Nombre des pairs anglais.	295
Nombre des représentans des pairs écossais.	16
Nombre des représentans à vie des pairs irlandais.	28
Tous les évêques anglais.	26
Représentans des évêques irlandais.	4
Total	377

En déduisant les pairs mineurs, les catholiques, ceux qui sont employés aux ambassades, aux gouvernemens, dans l'armée, dans la marine, qui voyagent, enfin qui ont des raisons bonnes ou mauvaises, lorsque l'esprit de parti est porté au plus haut point d'exaspération, la chambre des pairs ne compte pas plus de 200 membres,

(1) *Idem.*

et 50 seulement dans l'exercice ordinaire de leurs fonctions (1).

Pourquoi, dit M. de Vaublanc, ne pas adopter un usage que la nature des choses, et peut-être le besoin de s'entendre, ont introduit dans la chambre des communes en Angleterre ? Elle se forme en comité secret pour discuter les lois. L'orateur qui la préside, quitte le fauteuil. On ne fait aucun procès-verbal, on ne prend aucune note. Ce n'est qu'un entretien qui éclaire la chambre, lui apprend à connaître ses membres individuellement, et le vœu des partis. Là, des objets importans sont discutés, élaborés plusieurs années de suite, avant d'être présentés en forme de lois (2).

Le parlement d'Angleterre a réclamé plus d'une fois, notamment en 1641, le droit de nommer directement les grands officiers de la couronne, les ministres, les conseillers d'état, etc. Il regardait cette action directe dans le gouvernement comme une immense et précieuse garantie. Il l'a quelquefois exercée, et l'épreuve a toujours mal réussi. Aujourd'hui, l'influence des chambres décide de la formation du ministère; mais c'est une influence indirecte; l'effet est produit par

(1) *Lettres champenoises*, 97e liv. p. 173, journal anglais.
(2) *Idem*, n. 16, p. 237.

une autre voie. La première n'avait jamais conduit à bien (1).

En cas de contestation, les communes décidèrent que leur chambre seule était compétente pour déclarer quels étaient les électeurs qui avaient le droit de voter. Les pairs décidèrent au contraire que si le vote de quelque électeur était rejeté, il avait le droit de se pourvoir devant les tribunaux ordinaires; que les communes, en s'y opposant, empêcheraient le cours de la justice, parce que leur prérogative de prononcer exclusivement sur la validité des élections, n'avait rien de commun avec le jugement à prononcer sur le droit de voter aux élections. La décision des pairs, fondée sur ce principe juste et salutaire, prévalut (2).

Les réglemens de la chambre des pairs, rejettent tous les bills annexés à des bills de subsides (3).

Il a toujours été reconnu depuis 1679, que le choix de l'orateur appartenait à la chambre; mais que le roi conservait le droit de le refuser, dans le cas où il lui déplairait (4).

(1) *Cours d'histoire*, de M. Guizot, en 1828, 6e leçon.

(2) *Histoire d'Angleterre*, par M. Bertrand de Molleville, t. v, p. 229.

(3) *Idem*, t. vi, p. 398.

(4) *Histoire d'Angleterre*, par Hume.

La loi d'*habeas corpus* paraît nécessaire au maintien de la liberté, dans une monarchie mixte, et comme elle n'a pas lieu sous toute autre forme de gouvernement, cette considération suffit pour nous porter à donner la préférence à notre constitution actuelle, sur toutes les autres. Il faut cependant convenir qu'il y a quelque difficulté à concilier avec une entière liberté, l'entière sécurité et la police régulière d'un Etat, particulièrement celle des grandes villes. Il y a aussi lieu de douter, si la diminution des revenus publics et du pouvoir militaire, à cette époque (1679), n'exigeait pas, pour le maintien du gouvernement, que la couronne jouît d'une plus grande étendue de pouvoir discrétionnaire (1).

Le roi agrée ordinairement celui qu'on lui présente, et l'orateur, après quelques complimens de modestie, vraie ou simulée, de le dispenser d'un emploi si difficile, le remercie de son agrément, et finit son discours par trois demandes qu'il lui fait : 1° que les communes puissent avoir, pendant leur séance, libre accès auprès de S. M. ; 2° qu'elles aient pleine liberté de parler en leur chambre ; 3° que leurs membres soient exempts

(1) *Idem.*

de tous arrêts ou prises de corps. S. M. accorde toujours ces demandes (1).

Si les deux chambres sont de différens sentimens, la chambre basse se rend dans la chambre haute, pour conférer avec les seigneurs : ou bien les deux chambres nomment des députés, qui s'assemblent dans la chambre peinte ; mais toujours avec de grandes marques de respect de la part des communes. Elles sont debout, tête nue, tout le temps que durent les conférences, et les seigneurs sont assis et couverts (2).

Le quorum, ou nombre de membres nécessaires pour voter dans la chambre des communes, est 40 ; mais à moins qu'un des membres ne remarque qu'il y a moins de ce nombre présent, le président n'est pas obligé d'y faire attention (3).

Le roi d'Angleterre a le beau droit de faire grace. Cette grace est pour la peine afflictive, mais n'exempte pas de compensation pécuniaire; et en cas de meurtre,

(1) *Histoire universelle*, par une société de gens de lettres, t. XLIV, p. 555.

(2) *Histoire du parlement d'Angleterre*, par Raynal.

(3) *Voyage d'un Français en Angleterre*, en 1810 et 1811, t. II, p. 222.

si la veuve ou le plus proche parent du défunt poursuit, le pardon royal n'est pas admis. Il est incertain si ce droit s'étend au cas de condamnation sur *impeachment*, pour crime d'état (1).

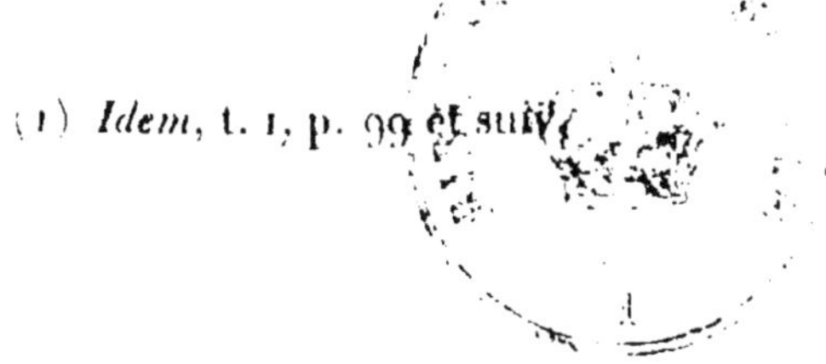

(1) *Idem*, t. 1, p. 99 et suiv.

A. PIHAN DE LA FOREST, IMPRIMEUR,
Rue des Noyers, 37.

TABLE

DES MATIÈRES.

www.ingramcontent.com/pod-product-compliance
Ingram Content Group UK Ltd.
Pitfield, Milton Keynes, MK11 3LW, UK
UKHW020549180726
13838UKWH00001B/122